AUSTRIAN MANAGEMENT REVIEW

Volume 8

D1735245

Austrian Management Review

AUSTRIAN MANAGEMENT REVIEW

Volume 8

Rainer Hampp Verlag   Augsburg, München 2018

Bibliografische Information der Deutschen Nationalbibliothek

Die Deutsche Nationalbibliothek verzeichnet diese Publikation in der Deutschen Nationalbibliografie; detaillierte bibliografische Daten sind im Internet über http://dnb.d-nb.de abrufbar.

ISBN 978-3-95710-220-1 (print)
ISBN 978-3-95710-320-8 (e-book)
AUSTRIAN MANAGEMENT REVIEW: ISSN 2191-2920
ISBN-A/DOI 10.978.395710/3208
1. Auflage, 2018

Anschrift der Redaktion

Johannes Kepler Universität (JKU) Linz, Institute of Human Resource and Change Management, Altenbergerstr. 69, 4040 Linz, Austria

Umschlaggestaltung: Claudia Christof
Layout und Satz: Stefan Konlechner

Wir danken allen Autorinnen und Autoren für ihre Beiträge, allen Begutachterinnen und Begutachtern, die durch ihre konstruktive Kritik die Qualität der Beiträge sichern halfen sowie Beate Hörmanseder für die administrative Unterstützung.

© 2018   Rainer Hampp Verlag   Augsburg, München
Vorderer Lech 35   86150 Augsburg, Deutschland

www.Hampp-Verlag.de

∞   *Dieses Buch ist auf säurefreiem und chlorfrei gebleichtem Papier gedruckt.*

Liebe Leserinnen und Leser!
Wir wollen Ihnen ein gutes Buch liefern. Wenn Sie aus irgendwelchen Gründen nicht zufrieden sind, wenden Sie sich bitte an uns.

Inhalt

Meinhard Lukas

Wirtschaft und Wissenschaft – Impulse, die bereichern

Sehr geehrte Leserinnen und Leser,

seit 2011 bringt das Institut für Human Resource & Change Management der Johannes Kepler Universität jedes Jahr den „Austrian Management Review" heraus. Er richtet sich an Sie: an Führungskräfte großer und mittlerer Unternehmen, an Entscheidungsträger aus allen Branchen der Wirtschaft. Warum braucht es – in der Fülle an Zeitschriften und Publikationen – diesen Review? Und warum rate ich Ihnen, die Zeit für die Lektüre zu investieren?

Dafür gibt es viele Gründe: Eine moderne Universität lehrt, forscht und publiziert nicht allein für eine kleine Schicht von Fachgelehrten. Selbst theoretische Forschung und Grundlagenforschung stehen in einer Wechselwirkung mit der Wirtschaft, die global agiert. Wer unter diesem immensen Konkurrenzdruck bestehen will, muss vernetzt sein, muss am Puls der wissenschaftlichen Entwicklung sein. Unternehmen und Universitäten sind keine getrennten Bereiche, die sich da und dort begegnen. Sie sind wechselseitige Impulsgeber, die sich durchaus herausfordern, aber auch bereichern – und gegenseitig bedingen.

In diesem Review finden Sie den aktuellsten Stand der wissenschaftlichen Entwicklung und Forschung. Er stellt Ihnen das Know-how zur Verfügung, Ihre Entscheidungen und Pläne anhand des wissenschaftlichen State of the Art zu entwickeln. Und er erlaubt uns als Universität, die ursprünglich als reine Hochschule für Sozial- und Wirtschaftswissenschaften geplant war, unsere Aufgabe umfassend zu erfüllen. Denn Forschung ist kein Selbstzweck. Sie dient den Menschen, der Verbesserung unserer Lebensumstände und – als Triebfeder unserer Gesellschaft – der wirtschaftlichen Entwicklung. Und die Aufgabe einer Hochschule ist es, dazu mit aller Kraft beizutragen.

Nur wer weiß, was morgen aktuell ist, kann schon heute auf den Märkten bestehen. Dieser Review leistet einen Beitrag, damit Sie und Ihr Unternehmen zu diesen Playern gehören. Ich wünsche Ihnen eine anregende Lektüre.

Univ.-Prof. Dr. Meinhard Lukas

Rektor der Johannes Kepler Universität

Stefan Konlechner

Acht-ung!

Die Austrian Management Review wird Acht.

Worauf wir auch in Zukunft Acht geben wollen.

Wenn Sie diese Zeilen lesen halten Sie die mittlerweile achte Ausgabe unserer Austrian Management Review in Händen. Es ist die erste Ausgabe die ich als editor-in-chief begleiten durfte. Womit ich in große Fußstapfen trete. Karin Link und Barbara Müller, die uns weiterhin als geschätzte editorial board member unterstützen, haben diese Aufgabe die ersten sieben Ausgaben der Austrian Management Review übernommen und stark dazu beigetragen die Zeitschrift zu dem zu formen, was wir heute kennen und schätzen. Meinen herzlichen Dank und meine größte Anerkennung dafür. Ich werde mich bemühen sorgsam mit dem Erbe umzugehen.

„Nichts ist so beständig wie der Wandel", so eine alte Weisheit (und nebenbei auch der Titel eines Beitrags von Barbara in der ersten Ausgabe der Austrian Management Review). Dem ist zweifelsfrei zuzustimmen. Selten offenbart sich der Wandel als radikale Revolution, oft als inkrementelle Evolution. Gleichzeitig benötigt jeder Wandel eine gewisse Stabilität als Kontrapunkt. Eine stabile Grundlinie gegen die er erst sichtbar wird. Um genau diese Stabilität bemühen wir uns –trotz allen Wandels– in der Grundausrichtung der Austrian Management Review. Worauf wir daher auch in Zukunft Acht geben wollen:

Wir geben weiter Acht auf das Brückenbauen: Seit der ersten Ausgabe versteht sich die Austrian Management Review als Transferzeitschrift; also als Zeitschrift, die den Dialog zwischen Wissenschaft und Praxis fördert. Wir sind stolz, dass sich die Zeitschrift im Laufe der Jahre tatsächlich zu einem Dialogforum entwickelt hat, in dem sich Wissenschaft und Praxis nicht nur austauschen, sondern sich nicht selten sogar zusammenschließen, um neue Einsichten zu generieren; zu einem Forum, in dem WissenschaftlerInnen und PraktikerInnen gemeinsam praktische Probleme mit wissenschaftlichen Methoden angehen, um neue Perspektiven und Lösungsmöglichkeiten aufzuzeigen. Die gegenseitige Anschlussfähigkeit der unterschiedlichen Welten von Wissenschaft und Praxis sicherzustellen und gegenseitiges Lernen zu ermöglichen wird auch in Zukunft eines unserer zentralen Bestreben bleiben.

Wir geben weiter Acht auf Vielfalt: Wir freuen uns über Perspektivenvarietät und über das breite Spektrum unterschiedlicher Themen, das stets Eingang in die Austrian Management Review findet. In dieser Ausgabe fragen Rupert Hasenzagl und Wolfgang Güttel in ihrem Beitrag „Wozu Unternehmensberatung?". Dabei kontrastieren die Autoren unterschiedliche Beratungsansätze und analysieren systematisch deren Grundlagen und Einsatzbedingungen. Gordon Müller-Seitz und Werner Weiss setzen sich mit dem Zusammenspiel von Kunst und Wissenschaft auseinander, welches sie nicht als Widerspruch sehen, sondern als Symbiose, die die Innovationskraft von Organisationen antreiben kann. Katharina und Stefan Musil entführen uns in die Welt von Hochzuverlässigkeitsorganisationen und berichten über jene Prinzipen, die Organisationen Halt geben, auch wenn die Welt um sie –wortwörtlich– zu versinken droht. Renate Kratochvil analysiert wie die Fähigkeit zur Problemformulierung strategisches Denken fördert. Barbara Müller und Sylvia Schweiger räumen mit romantisch-verklärten Vorstellungen über Führungskräfte auf, analysieren Fallen, in die Führungskräfte tappen können und betonen die Notwendigkeit eigenes Verhalten, sowie die eigene Haltung kontinuierlich zu hinterfragen, um die eigene Rolle als Führungskraft zu finden und daran (bzw. darin) zu wachsen. Ebenfalls mit Führung setzen sich Karin Link und Gina Falkner auseinander. Die Autorinnen analysieren die Rolle von Sinnstiften als Führungsaufgabe und plädieren für eine Refokussierung der Debatte vom Sinn-Geben zum Sinnerleben-Ermöglichen. In „A Song of Power and Influence" gehen Stefan Konlechner und Markus Latzke der Frage auf den Grund, was wir von der populären TV Serie Game of Thrones für Macht und soziale Einflussnahme in Organisationen lernen können. Nina Gusenleitner und Irina Koprax, schließlich, berichten über Erkenntnisse eines Forschungsberichts zum Status von Industrie 4.0 in Österreich. Die Vielfalt an Themen, Perspektiven, Methoden aber auch von Formaten –neben Originalartikeln finden sich auch wieder Interviews und unsere etablierte iHRCM News Spalte in der Zeitschrift– wollen wir auch in Zukunft beibehalten.

Wir geben weiter Acht auf Reflexion: Unser Ziel ist es nicht nur all unseren LeserInnen Gedankennahrung mitzugeben, sondern auch unsere AutorInnen bei der Erstellung ihrer Beiträge zu unterstützen. In diesem Sinne möchte ich mich an dieser Stelle herzlich bei allen KollegInnen bedanken, die die AutorInnen mit ihren Gutachten unterstützt und so dazu beigetragen haben die Manuskripte zu schärfen und zu verbessern. Noch etwas, das wir gerne so beibehalten möchten.

Das Wichtigste worauf wir Acht geben wollen: Unsere Leserschaft. Denn letztlich wäre eine Zeitschrift ohne LeserInnen wie ein Hafen ohne Schiffe. In diesem Sinne bedanke ich mich für das Interesse an unserer Zeitschrift und wünsche eine inspirierende Zeit mit der achten Ausgabe der Austrian Management Review.

Stefan Konlechner

Rupert Hasenzagl

Professor für industrielles und
systemisches Management
Managementforscher und Unternehmensberater
HAZ@aon.at

Wolfgang H. Güttel

Universitätsprofessor
am Institute of Human Resource &
Change Management,
Johannes Kepler Universität Linz
wolfgang.guettel@jku.at

Wozu Unternehmensberatung?

Grundtypen, Möglichkeiten und Grenzen

Unternehmensberatung ist eine seit mehr als einem Jahrhundert eingesetzte Dienst-
leistung, um Veränderungsprozesse zu steuern. Die theoretische Reflexion über die
Grundlagen und Wirkungsweisen von Beratung hat erst in den letzten Jahrzehnten
zaghaft begonnen. Eine weitere Professionalisierung von Beratung - wie auch von Management und Führung - ist notwendig, um über Einsatzbedingungen und Nebenwir-
kungen von Unternehmensberatern besser Bescheid zu wissen. Wissen über Beratung
fehlt nämlich oft auf beiden Seiten: Berater tun gut daran ihre Aktivitäten stärker theoriegeleitet zu reflektieren und Entscheider profitieren bei der Auswahl von Unternehmensberatern von einem soliden Grundverständnis zu den verschiedenen Formen
und damit verbundenen Möglichkeiten und Grenzen von Beratung. Der vorliegende
Beitrag skizziert drei Grundtypen von Unternehmensberatung - ingenieurwissenschaftlich-ökonomische Beratung, humanistisch-sozialpsychologische Beratung und systemisch-soziologische Beratung - um Wissen über Beratung und deren Aktivitäten in
Veränderungsprozessen zu elaborieren.

Einleitung

Unternehmensberatung boomt. Mit ähnlichen Statements beginnen seit drei Jahrzehnten Artikel, die sich mit Unternehmensberatung (synonym: Management Consulting) auseinandersetzen. Die Unternehmensberatungsbranche wächst in den letzten
Jahren deutlich (z.B. 2016 in Europa mit einem Umsatzzuwachs von 7%)[1]. Die Gründe
mögen von einem verschärften globalen Wettbewerbsumfeld über neue technologische Möglichkeiten (Stichwort: Digitalisierung) bis hin zu steigenden Outsourcingakti-
vitäten reichen. In diesem Kontext lastet großer Druck auf Manager, die wahrnehmen,
dass sie mit ihrem Change-Wissen an Grenzen stoßen. Allerdings ist der Markt für Be-
ratungsdienstleistungen wenig transparent und neben Veränderungswissen fehlt Führungskräften oft auch das notwendige Wissen über Möglichkeiten und Grenzen von

Beratungsprojekten und Beratern. In diesem Beitrag greifen wir drei Grundtypen von Beratungsleistungen heraus, um über ihre theoretische Fundierung, Einsatzbedingungen und Wirkungsweisen zu diskutieren. Im Kern unterscheiden wir zwischen ingenieurwissenschaftlich-ökonomischer Beratung („Fachberatung"), humanistisch-sozialpsychologischer Beratung („Organisationsentwicklung; OE") und systemisch-soziologischer Beratung („systemische Beratung"), da es sich um drei typische und oft verwendete Beratungsformen handelt; auch wenn die für die Beratungsprodukte verwendeten Etiketten unterschiedlich schicke Namen tragen.

Die letzten 100 Jahre zeigen eine zunehmende Ausdifferenzierung des Beratermarktes. Die drei dominanten Ansätze gehen von unterschiedlichen Grundpositionen in Bezug auf Organisationen, der Veränderbarkeit von Organisationen und von der Rolle der Berater in den Veränderungsprozessen aus. Als Spiegelbild zu dieser Ausdifferenzierung wurde auch begonnen die Beratungsansätze zu systematisieren und wissenschaftlich zu fundieren.[2] Wir folgen diesen theoretischen Überlegungen, indem wir die drei dominanten Grundtypen der Unternehmensberatung und die damit verbundenen gegenständlichen Theorien (Beratungs- und Managementtheorien) auf ihre theoretischen Grundannahmen (Rahmentheorien) und auf die zugrundeliegenden wissenschaftstheoretische Positionen (Paradigmen) untersuchen. Mit dieser Analyseperspektive lassen sich die Konsequenzen für Unterschiede im Beratungs- und Beraterverständnis sowie in den Wirkungsweisen von Beratung ableiten.[3]

Der rationale Experte – ingenieurwissenschaftlich-ökonomische Beratung

Konzeptionelle Grundannahmen: Management und Management Consulting erleben zu Beginn des 20 Jahrhunderts eine erste akademische Blüte durch Frederick Winslow Taylor. Mit seinem später als „scientific management" bezeichneten wissenschaftlichen Zugang zur Optimierung von Unternehmen prägte er bis zum zweiten Weltkrieg den aufkommenden Beratungsmarkt. Der ingenieurwissenschaftlich-ökonomische Zugang fand nicht nur in den USA großen Zuspruch. Vielmehr bereitete er sich über Europa bis hin zur Sowjetunion und Japan aus. Damit war auch die Nähe zu einem stark mechanistisch-positivistischen Verständnis von Management (bzw. der deutschen Betriebswirtschaftslehre) gegeben. Eine tiefere wissenschaftliche Reflexion über Management Consulting ging jedoch nicht einher.[4]

Die Sichtweise, Organisationen als rationale Gefüge zu betrachten, die planbar und direkt beeinflussbar sind, hat eine lange Tradition und geht auf die frühen Vorstellungen über das Wesen von sozialen Einheiten zurück. Europa verdankt seinen globalen Bedeutungszuwachs seit der Neuzeit den überragenden naturwissenschaftlichen Leistungen europäischer Forscher und Ingenieuren. Da ist es kein Wunder, dass die Vorstellungen von Wissenschaftlichkeit und vom Wesen von Dinge der Realität an der positivistisch-naturwissenschaftlichen Sichtweise gemessen werden. Dies führte dazu, dass alle Erkenntnisfelder, die sich als Wissenschaft etablieren wollen, dem naturwissenschaftlichen Paradigma (hier als Positivismus bezeichnet) folgen. Noch heute herrscht oft das Organisationsbild einer naturwissenschaftlichen Gesetzmäßigkeiten unterworfenen Maschine vor.

Auswirkungen auf das (Change-) Managementverständnis: Die Aufgabe des Managements liegt den positivistisch-naturwissenschaftlichen Basisannahmen folgend im Wesentlichen in der Formulierung von Sollzuständen und in der Erarbeitung von Plänen zur Zielerreichung. Werden Abweichungen identifiziert, dann sind Lösungskonzepte zu entwickeln, die ein Gegensteuern ermöglichen, um letztlich die Sollzustände zu erreichen. Die Managementpraxis stellt für diese plangetriebenen *rationalen* Ansätze ein umfangreiches Set von Instrumenten zur Verfügung.

Die Idee dahinter ist, dass Manager bessere Experten in Fragen der Unternehmensführung sind als Ihre Mitarbeiter. Deshalb können sie eine rationalere Problemanalyse durchführen und gute (weil logisch-rational nachvollziehbare und „best practice" gestützte) Lösungsansätze liefern. Werden die Lösungsansätze von den Mitarbeitern nicht akzeptiert und umgesetzt, greifen Manager auf klassische Mittel zurück, um die Umsetzung zu erreichen.[5] Sehr häufig wird mit hierarchischer Macht versucht die Lösung durchzusetzen. Damit wird jedoch in vielen Fällen die Situation noch verschlimmert, da sich Akzeptanz nicht erzwingen lässt. In der Folge verlassen Leistungsträger die Organisation, passen sich nur vordergründig an oder versuchen mikropolitisch das Veränderungsvorhaben über Koalitionsbildungen und verschiedene Formen des aktiven und passen Widerstandes zu Fall zu bringen.[6] Fachberater kommen dann gerne ins Spiel, um mit noch höherer Rationalität die Veränderungsvorhaben zum Durchbruch zu verhelfen. Dazu wird auf deren einzigartige Fachexpertise (z.B. Spezialkenntnisse), Branchenexpertise („Benchmarking") oder Best-Practice-Expertise verwiesen. Unternehmensberater bringen fachliche Expertise ein, die - vermeintlich - der Organisation nicht zur Verfügung steht und auch intern nicht aufgebaut werden soll oder kann.

Wirkungsverständnis: Der Kern des Wirkungsverständnisses (W) von Fachberatern (ingenieurwissenschaftlich-ökonomische Beratung) ist demnach die inhaltlich-sachliche Qualität (logische Nachvollziehbarkeit, Rationalität) der Konzepte. Der Ansatz entspricht einem Zugang nach deduktiver Logik, indem Vorstellungen in Form von allgemeingültigen good practices existieren, wie eine „gute" Organisation aussieht. Die beratende Organisation wird unter diesen Prämissen analysiert und dort, wo Abweichungen zu den vorgefassten Vorstellungen existieren, werden Empfehlungen abgegeben, wie die Organisation an das Idealmodell anzupassen ist. Daraus folgt die Grundannahme, dass, bei hoher inhaltlicher Qualität (Q) eines Konzeptes, rational agierende Mitarbeiter dieses aufgreifen und umsetzen. Deshalb dominiert die Vorstellung, dass die Wirkung von

> **Fachberatung**
>
> Naturwissenschaftlich-positivistisches Weltbild mit großen Vereinfachungen, bzw. mechanistisches Organisationsbild. Nur die sachliche Dimension wird für die Veränderung als bedeutsam betrachtet. Deshalb ergibt sich die Wirkung W ausschließlich aus der inhaltlichen Qualität Q: W=Q
>
> Sinnvoll ist die Fachberatung nur dann einsetzbar, wenn selten gebrauchtes Expertentum („Spezialexpertise") notwendig ist.

Beratung rein aus der inhaltlichen Qualität resultiert (W=Q).

Bedeutung für die Unternehmensführung: Für triviale Problemstellungen in einfach organisierten Unternehmen ist diese Vorgehensweise durchaus machbar. Für komplexe Aufgabenstellungen (z.B. Kulturwandel) und für Expertenorganisationen ist die Wahrscheinlichkeit des Scheiterns hingegen sehr groß, denn entweder werden die ambitionierten Ziele nicht erreicht oder es entstehen Widerstände gegen das Veränderungsvorhaben. Beide Folgewirkungen resultieren aus dem gleichen Problem. Da bei dieser Form der Beratung die bisherigen Sicht- und Handlungsweisen weitgehend unverändert bleiben, werden auch nur jene Änderungsvorschläge akzeptiert, die genau dem bestehenden Bezugsrahmen entsprechen. Eine tiefgreifende Veränderung, die auch den organisationskulturellen Bezugsrahmen mit den dort eingebetteten Beobachtungs- und Handlungsmustern verändert, ist daher nicht möglich. Verschärft werden diese Aspekte, wenn über eine unreflektierte Anwendung der Fachberatung sozial hochkomplexe Veränderungen initiiert werden sollen und dabei unterschiedliche latente Aufträge (z.B. die Legitimation des eigenen Managerhandelns, Auslagern von Konflikten) eingebettet sind. Denn für derartige soziale oder mikropolitische Aspekte ist ein ingenieurwissenschaftlich-ökonomischer Zugang blind.

Anwendungsbereiche: Trotz der eher kritisch dargestellten Analyse der klassischen Fachberatung gibt es doch sinnvolle Anwendungsfälle. Das können etwa Problemlagen sein, die nicht den Kern der Unternehmensführung betreffen oder selten auftreten. Dazu zählen Themen, wo spezifische Expertise für Problemstellungen, die ohne tiefgreifende Veränderungen auskommen, notwendig wird (z.B. Optimierung von Kostenrechnungssystemen und Finanzierungspraktiken, technische Ablaufverbesserungen bzw. kleinräumige Restrukturierungen). Im aktuell diskutierten Kontext der Digitalisierung wären dies auch IT-technische Problemstellungen, die ohne größere strategische oder organisationale Auswirkungen lösbar sind.

Der Mensch ist Mittelpunkt – humanistisch-sozialpsychologische Beratung

Konzeptionelle Grundannahmen: Das mechanistische, naturwissenschaftlich geprägte Organisationsbild einer rational gut plan- und steuerbaren Maschine rief schon kurz nach Erlangen der praktischen Bedeutung („Taylorismus" und „Fordismus") gesellschaftliche Widerstände hervor. In den 1930er Jahren kamen mit Chester Barnard, Mary Parker Follett oder Kurt Lewin erste stärker sozialpsychologisch - abgeschwächt auch soziologisch - inspirierte Gedanken in die Managementforschung. Ebenso etablierte sich mit den Hawthorne-Experimenten in den 1930er Jahren (der Forschergruppe um Elton Mayo), mit den Überlegungen zur Selbstverwirklichung von Menschen in den 1940er Jahren (z.B. Abraham Maslow) und mit der Betonung demokratischer Entscheidungsprozesse in Abkehr zu autoritären Regimen nach Ende des zweiten Weltkriegs auch vermehrt die gesellschaftliche Vorstellung von gleichberechtigten und selbstmotivierten Menschen im Wirtschaftsleben. Folglich wurden auch im Organisationskontext sozialen Beziehungen - Human Relations - große Bedeutung zugemessen; der Mensch trat nun auch wissenschaftlich legitimiert in den Mittelpunkt. Besonders von der Human Relations-Bewegung (z.B. Tavistock Institute) wurden diese Gedanken aufgegriffen und in den Beratungsansatz der Organisationsentwicklung übergeführt. In den späten 1960er Jahren wurde mit den Konzepten des Process Consulting (Edgar Schein; im Sinne von sozialer Prozesssteuerung) bzw. Organizational Development (Wendell L. French und Cecil Bell) die humanistisch-sozialpsychologische Organisationsentwicklung als Beratungsansatz etabliert. Demzufolge werden Veränderungen in Unternehmen primär über die Steuerung der Beziehungen (v.a. auf Gruppenebene) angestrebt. Humanisierung der Arbeit ging mit den „klassischen" Ansätzen der Organisationsentwicklung einher.[7]

Auswirkungen auf das (Change-) Managementverständnis: Der Kerngedanke hinter diesem Veränderungsansatz liegt auf der Weiterentwicklung sozialer Prozesse in Gruppen (insbesondere Führungsprozesse) durch die Beteiligten, um mit diesen diskursiv entwickelten Ideen Veränderungen im Unternehmen zu bewirken. Die Partizipation - Betroffene zu Beteiligte zu machen - wird als zentraler Hebel angesehen, um Veränderungsideen aus der Organisation selbst zu gewinnen und damit deren Umsetzung zu erleichtern.

Die humanistisch-sozialpsychologische Beratung stellt nicht nur sachliche Aspekte (Ziele der Organisation) in den Mittelpunkt. Vielmehr sind Mitarbeiterziele (und sozialpsychologisch damit auch Beziehungsziele) mindestens gleichbedeutend. Neben der sachlichen Dimension wird auch die soziale (zumindest wie unten gezeigt, auf einer oberflächlichen Ebene) berücksichtigt. *Der Mensch mit seinen sozialen Beziehungen steht im Mittelpunkt des Managements.* Damit verbunden sind Vorstellungen von Führungsrollen, die Mitarbeiterbedürfnisse ohne Leistungsanspruch erfüllen sollen, denn letzterer kommt von den Mitarbeitern selbst.

Wirkungsverständnis: Die Wirkung (W) von Organisationsentwicklern (humanistisch-sozialpsychologische Beratung) ist in dieser Vorstellung besonders hoch, wenn neben einer hohen inhaltlichen Qualität (Q), auch die, durch den partizipativen Zugang erwartbare, hohe Akzeptanz (A) gegeben ist. Die Wirkung hängt also davon ab, wie weit die Beteiligten inhaltlich neue Lösungen entwickeln können, die von den anderen Personen auch als akzeptabel wahrgenommen werden (W=Q*A). Dadurch wird die Tendenz zur Kompromissbildung befördert, die zwar für die Akzeptanz notwendig, für Tiefe und Radikalität der Lösungsvorschläge hinderlich ist. In dieser Form entspricht der Ansatz einer induktiven Logik, denn aus der Analyse werden induktiv Vorstellungen entwickelt, wie eine „gute" Organisation aus Sicht der betroffenen Individuen aussehen soll. Im Beratungsverständnis wird neben der sachlichen Dimension ein Aspekt der sozialen Dimension – die Akzeptanz – berücksichtigt.[8] Zudem erfolgt erstmals auch eine reflektierende Auseinandersetzung mit Rollen und Aktivitäten der Berater in der sozialen Prozesssteuerung.

Bedeutung für die Unternehmensführung: Das Konzept der Organisationsentwicklung überwand die reine Expertenberatung in Form der ingenieurwissenschaftlich-ökonomischen Beratung. Stattdessen wurde die Selbstlernfähigkeit der Organisationsmitglieder in den Mittelpunkt gestellt. Berater begleiten als „Prozessberater" den Veränderungsprozess. Sie geben keine inhaltlichen Ratschläge. Vielmehr spiegeln sie beobachtete Beziehungsmuster dem Kunden zurück und kanalisieren einen partizipativen Reflexionsprozess zur Gestaltung von Beziehungsstrukturen (z.B. in Teams) bzw. von Organisationsstrukturen. Der partizipative Zugang soll einerseits die individuelle Lernbereitschaft und andererseits die Akzeptanz der erarbeiteten Konzepte erhöhen.

Neben den zweifelsohne bahnbrechenden Einflüssen auf das Beratungsverständnis (v.a. durch Etablierung der Rolle der Prozessberatung) gibt es in der Literatur zahlreiche Kritik an den Grundannahmen des Human Relations-Theoriestrang und speziell der Organisationsentwicklung als praxisbezogene Ausprägung.[9] Die theoretischen Grundannahmen in der Organisationsentwicklung wurden immer komplexer und wissenschaftlich durch Erkenntnisse der Organisationspsychologie fundiert.[10] Dennoch ist die organisationstheoretische Basis für das Beratungskonzept der klassischen Organisationsentwicklung wenig elaboriert. Obwohl erste Grundannahmen für die Konstitution von Organisationen, die über die reine mechanistische Sicht hinausgingen, formuliert wurden, prägt ein sehr auf Individuen und auf Gruppen bezogenes Verständnis das Organisationsbild (z.B. „der Mensch im Mittelpunkt" und „letztlich kann das Organisationsverhalten aus der Summe des Individualverhaltens erklärt werden"). Damit bleibt die Organisationsentwicklung mit einem ideologisch aufgeladenen humanistischen Menschenbild auch weitgehend im positivistischen Weltbild verankert.[11]

> **Organisationsentwicklung**
>
> Personenzentrierte Organisationssicht, bei der der Mensch als selbstmotiviertes strebsames Wesen und die Beziehungen zwischen Menschen im Mittelpunkt stehen. Die Wirkung (W) resultiert aus der inhaltlichen Qualität (Q) multipliziert mit der Akzeptanz (A):
>
> $W=Q*A$
>
> Sinnvoll ist die Organisationsentwicklung bei „kleinräumigen" Veränderungen einsetzbar, bei denen Selbstbestimmung sinnvoll erscheint. Sie ist aber kaum in der Lage komplexe und tiefgreifende Veränderungsprozesse zu begleiten.

Anwendungsbereiche: In der OE-Praxis sind nach wie vor die Grundannahmen der Human Relations-Bewegung, beispielsweise die ideologischen und gesellschaftlich erwünschten Vorstellungen von gleichberechtigten, hochmotivierten Mitarbeitern erhalten. Dieses Menschen- und Organisationsbild feierte etwa zwischen 1960 und 1990 seinen Höhepunkt und verlor in den letzten 30 Jahren etwas an Bedeutung. Gegenwärtig taucht es wieder im Rahmen der Forderung nach Agilität auf. Denn nahezu jede populäre Veröffentlichung propagiert zur Zeit eine radikale Mitarbeiterorientierung und das Prinzip der Selbstorganisation als neue Heilslösung. Das ist erstaunlich, denn schon in den 1960er Jahren gab es mit dem Bild des selbstmotivierten Mitarbeiters und den teilautonome Arbeitsgruppen wenig erfolgreiche Versuche in Industrieunternehmen diesen Prinzipien zu entsprechen. Die Praxis zeigt jedoch, dass solche Vorstellungen und Arbeitsbedingungen nur für Unternehmen passen, deren Mitarbeiter über hohes strategisches Hintergrundwissen und große Fachexpertise verfügen (z.B. Consulting, Forschungsorganisationen). Dennoch sind Grundgedanken der humanistisch-sozialpsychologischen Organisationsentwicklung in beispielsweise jenen Kontexten sinnvoll, wo kleinräumige Veränderungen im Sinne einer Selbstbestimmung durch die Mitarbeiter (z.B. über diskursive Prozesse der Kompromissbildung) vorgenommen werden können.

Die Organisation als komplexes soziales Gefüge – systemisch-soziologische Beratung

Konzeptionelle Grundannahmen: Seit den 1960er Jahren führten substanzielle Impulse aus der Sozialpsychologie (Karl Weick), Kommunikationstheorie (Paul Watzlawick), Kybernetik (Norbert Wiener) und Soziologie (Niklas Luhmann) zur Weiterentwicklung von Management und Beratung. In der Managementforschung wurden die Grundlagen ab den 1940er Jahren mit der verhaltenswissenschaftlichen Entscheidungstheorie (Herbert A. Simon oder James March, die auf den entscheidungs- und anreiztheoretischen Arbeiten von Chester Barnard und Mary Parker Follett aufbauen) gelegt. Mit der Abkehr von der Vorstellung von rationalen Entscheidungsprozessen, die sich im Konzept der begrenzten Rationalität („Bounded Rationality") wiederfindet, sowie der Konzeptualisierung von Entscheidungsprämissen, die das Verhalten von Organisationsmitgliedern steuern, sind schon früh zentrale Konzepte vorhanden, die Jahrzehnte später in der soziologischen Organisationstheorie aufgegriffen werden. Verwandte konstruktivistische Konzepte von Karl Weick (Prozess des Organisierens bzw. Sense-making) differenzieren die Grenzen der individuellen und kollektiven Wahrnehmungs- und Entscheidungsfähigkeit weiter aus. Über die Familientherapie entstanden schließlich am Beginn der 1980er Jahre erste systemisch-konstruktivistische Zugänge der Unternehmensberatung. Besonders die Mailänder Gruppe um Mara Selvini Palazzoli griff auf systemisch-konstruktivistische Erkenntnisse zurück, um einen neuartigen Zugang zur Unternehmensberatung zu finden.

Für die systemische Beratungspraxis wuchsen seit Ende der 1960er Jahre zwei Strömungen heran. Einerseits basierend auf die St. Galler Managementschule, die ausgehend von einer Managementlehre grundlegende systemische und konstruktivistische Ansätze in ihr Modell integrierte. Andererseits entstand Ende der 1980er Jahre ein noch heute bedeutender Ansatz systemischer Beratung auf Basis der neueren Systemtheorie nach Luhmann. Die neuere Systemtheorie nach Luhmann ist in erster Linie eine Gesellschaftstheorie. Vor allem in seinen späten Arbeiten richtete Luhmann den Fokus auch auf Organisationen, wobei besonders die autopoietische Wende (d.h. die Betonung der Selbsterschaffung und Selbsterhaltung von Systemen) große Impulse zum Verständnis von Organisation und Beratung lieferte. Er baute dazu auf den Grundgedanken der verhaltenswissenschaftlichen Entscheidungstheorie (z.B. Chester Barnard, Herbert A. Simon, James March) und der neuartigen Erkenntnisse des Konstruktivismus (z.B. Humberto Maturana, Francisco Valera) seine systemisch-konstruktivistische Organisationstheorie auf.[12]

Durch den Fokus auf soziale Strukturen - Kognitionen und Normen - wird ein Organisationsverständnis geschaffen, das grundlegend autopoietisch und selbstreferentiell ist, d.h. Organisationen sich wiederkehrend - musterhaft - aus sich selbst heraus mittels Kommunikation, insbesondere Entscheidungen reproduziert[13]. Entscheidungsprämissen (Programme, Kommunikationswege und Personen, aber auch Organisationskulturen) kanalisieren die Autopoiesis in Organisationen. Dem Konstruktivismus folgend haben Menschen keinen direkten Zugang zur sozialen Realität. Die Aussagen über soziale Zusammenhänge sind immer nur Erkenntnisse von Beobachtern zu einem bestimmten Zeitpunkt. Dabei können Beobachter nur anhand der ihnen eigenen Operationen Konstrukte der Wirklichkeit erzeugen (die wiederum von Beobachtern als „Muster" beobachtet werden können). Der simplen Vorstellung einer Weltrationalität mit zeitinvarianten, allgemeingültigen „rationalen" Konzepten wird deshalb eine radikale Abfuhr erteilt.

Auswirkungen auf das (Change-) Managementverständnis: Organisationen werden demnach als eigenständige soziale Einheiten konzipiert, die eigene (emergente, d.h. nicht auf Organisationsmitglieder direkt rückführbare) Eigenschaften besitzen. Dadurch rücken Fragen der Bildung von sozialen Eigenschaften und der Koppelung zwischen Person und System (Organisation) in den Vordergrund von Management und Beratung.[14] Anstelle von Technologien oder Personen sind Kommunikations- und Entscheidungsmuster ins Zentrum getreten, welche die Komplexität abbilden, durch die Organisationen ihre autopoietische Reproduktion erreichen. Identifikation und Anregung zur Veränderung der Kommunikations- und Entscheidungsmuster werden zum zentralen Ansatzpunkt für ein systemisches Veränderungsmanagement.

Allerdings steht dem komplexen und wissenschaftsgetriebenen Verständnis von Organisationen eine oft trivialisierende Verwendung von „systemisch" in der Praxis gegenüber, die von mechanistischen Wechselwirkungen geprägt ist und wenig Wissen über das Zusammenspiel aus sozialen Systemstrukturen bzw. -kontexten und dem Individuum zur Erzeugung von beobachtbaren Verhalten hat. Primär wird in der trivialisierenden Praxis Verhalten über (vermeintlich) leicht sichtbare Persönlichkeitseigenschaften erklärt. Das hat auch dazu geführt, dass vielfach das Etikett „systemisch" als Markenbezeichnung für verschiedene Beratungsangebote genutzt wird, die einem trivialen „alles ist mit allem vernetzt - und daher sehr kompliziert"-Sprachspiel entspringen. Damit ist aber meistens nur eine humanistische Vorstellung zur Organisationsentwicklung gemeint, der mit systemisch-konstruktivistischen Zugängen wenig gemein hat, da dann oft Menschen mit ihrem Erfahrungswissen im Mittelpunkt stehen und weniger komplexe dahinterliegende organisationale (soziale) Wahrnehmungs- und Entscheidungsmuster, die das Verstehen des menschlichen Verhaltens ermöglichen. Die unsichtbaren Einflüsse des essenziellen sozialen Systemkontextes werden ausgeblendet. Hier kommt die Stärke der systemisch-soziologischen Beratung ins Spiel. Denn durch die Arbeit mit Kommunikations- bzw. Entscheidungsmustern werden primär jene Einflussfaktoren einer Veränderung eröffnet, die nicht direkt von Personen abhängen, unsichtbar und längerfristig wirken ohne, dass sie in einfacher Weise im operativen Alltag von Managern thematisiert werden können. Deshalb sind systemisch-soziologische Berater in der Lage, Unternehmen in hochkomplexen Situationen bei tiefgreifenden Veränderungsprozessen zu unterstützen. Um allerdings einen Unterschied zwischen humanistisch-sozialpsychologischer Beratung (OE) und systemisch-soziologischer Beratung tatsächlich wahrnehmen zu können, ist es notwendig, dass Entscheider im Management und in den Personalabteilungen ein solides theoretisches Fundament aus den Kernfächern der Managementwissenschaft - Soziologie und Sozialpsychologie (neben Ökonomie) - aufweisen.

Wirkungsverständnis: Die Wirkung (W(t)) der systemischen Beratung hängt gleichermaßen von der Qualität (Q(t)) der Intervention und von der Anschlussfähigkeit (A(t)) ab: $W(t)=Q(t)*A(t)$. [15] Die inhaltliche Qualität ist hier kein Merkmal der Information des Beraters, sondern entsteht erst durch die Handlungen des Kunden (bspw. der Organisation) im Rahmen der eigenen Systemlogik. Um das gezielt zu beeinflussen, muss die Intervention als anschlussfähig wahrgenommen werden. [16] Eine Intervention ist dann anschlussfähig, wenn sie vom Kunden als Information wahrgenommen wird. [17] Die Anschlussfähigkeit hängt von der Geschichte des Kunden ab, die entscheidet, ob und wie eine konkrete Intervention von diesem beobachtet wird und welche Handlungen daraus abgeleitet werden. Es besteht also eine Pfad- und damit Zeitabhängigkeit aller Wirkungsfaktoren. [18] Die Zeitabhängigkeit sowohl der Qualität als auch der Anschlussfähigkeit und damit der Wirkung (W(t)) wird durch die Darstellung als Funktion der Zeit (t) ausgedrückt. [19] Eine direkte Steuerung eines Kunden durch ein System aus der Umwelt (Berater, aber auch Manager) ist nach diesen beiden Punkten nicht möglich. Die Faktoren der Wirkung sind – entsprechend des systemisch-konstruktivistischen Zugangs – nicht einfach messbar, sondern erschließen sich nur in interpretativen Prozessen mittels etablierter Methoden der qualitativen Sozialforschung [20] und nicht auf Basis erfahrungsbasierter subjektiver Grundannahmen oder Ideologien. Die systemisch-soziologische Beratungsform folgt dem Ansatz einer „abduktiven" Logik. Denn aus der Beobachtung von Symbolen (z.B. Kommunikationen, Handlungen, Entscheidungen) wird auf die zugrundeliegenden Wahrnehmungs- und Entscheidungsmuster geschlossen, die dann - als Hypothesen manifestiert - Veränderungsbestrebungen zugänglich werden und die weiteren Interventionen beeinflussen. Diese Eingangshypothesen

Systemische Beratung

Komplexes soziologisches Verständnis von Organisationen, Veränderungsdynamik und Beratung, das dem konstruktivistischen Paradigma folgt. Die Wirkung (W(t)) resultiert aus der Qualität der Veränderung (Q(t)) multipliziert mit der Anschlussfähigkeit der Beraterinformation (A(t)). Alle Faktoren sind zeitabhängig. Damit werden alle Dimensionen (sachlich, sozial und zeitlich) von sozialem Geschehen berücksichtigt: $W(t)=Q(t)*A(t)$

Sinnvoll ist die systemische Beratung bei komplexen und tiefgehenden Vorhaben auf sozialer Ebene (z.B. organisationskulturelle Veränderungen), um die strategische Identität einer Organisation neu auszurichten.

werden durch die beobachtete Reaktion des Systems auf die Interventionen verifiziert, falsifiziert oder konkretisiert.

Bedeutung für die Unternehmensführung: Im Rahmen von Veränderungsprozessen sind systemisch-konstruktivistische Zugänge besonders dann sinnvoll, wenn tiefgreifende Veränderungen in Unternehmen notwendig sind, die die organisationskulturelle Ebene betreffen und sich dadurch einer einfachen Beobachtbarkeit und Beeinflussbarkeit entziehen. In diesen Fällen braucht es ein elaboriertes Verständnis von Organisationen und Veränderungsdynamiken, um die Komplexität der organisationskulturellen Muster zu entschlüsseln und darauf zielgerichteter Einfluss nehmen zu können, d.h. die Komplexität der Beratung muss den Komplexitätsanforderungen des Beratungsobjekts entsprechen. Modetrends aus der ingenieurwissenschaftlich-ökonomischen Beratung oder aus der humanistisch-sozialpsychologischen Beratung sind in der Regel dafür ungeeignet. Denn jede Organisationskultur ist durch ihre jeweils von Beobachtern „erkannte" Entwicklungsgeschichte und durch die Vielzahl an konstruierten Variablen und Wechselwirkungen, die das Verhalten der Organisation für den Beobachter erklären, einzigartig. Standardisierte Empfehlungen - „best practices" - aus der ingenieurwissenschaftlich-ökonomischen Beratung („Fachberatung") werden bestenfalls zufällig eine intendierte Wirkung erzeugen können[21]. Die Grenzen der humanistisch-sozialpsychologischen Beratung („Organisationsentwicklung") liegen in den Limitationen der Wahrnehmungsfähigkeiten der Beteiligten, da im Hier und Jetzt (Beobachtung erster Ordnung) nach Lösungen gesucht wird. Dabei prägt die Tiefenstruktur die Analyse- und Konzepterstellung, ohne dass sie als solche erkannt und hinterfragt wird. Am Ende kommen dann vermeintliche Lösungen zu Tage, die nur aus der Reproduktion der bestehenden Wahrnehmungs- und Handlungsmuster entstanden sind. Braucht es hingegen einen tiefgreifenden Wandel, dann ist ein Beratungszugang notwendig, dessen Komplexitätsniveau dem der beratenen Organisation ebenbürtig ist und sich selbst als intervenierendes System mitreflektieren kann, wie dies bei der systemisch-soziologischen Beratung („systemische Beratung") der Fall ist.

Anwendungsbereiche: Durch die Beobachtung zweiter Ordnung (Beobachtung der Beobachtung) werden die dominanten Wahrnehmungs- und Handlungsmuster der Tiefenstruktur theoriegeleitet aufgedeckt, als Hypothesen formuliert und dadurch iterativen Veränderungsbestrebungen zugänglich gemacht (z.B. nicht Konflikte über die strategische Ausrichtung des Unternehmen personalisiert sondern nach den zugrundeliegenden Ursachen - etwa pfadabhängige Identitätskonstruktionen und den dadurch subsystemspezifischen Wahrnehmungen von Chancen und Risiken - gefragt). Die Bedeutung der systemischen Beratung ergibt sich dadurch, dass die Beobachtung zweiter Ordnung einen externen Berater – extern im Sinne von nicht durch die kulturellen Strukturen der Organisation sozialisierten Beobachter – unabdingbar macht. Dadurch kann der unternehmenskulturelle Bezugsrahmen überwunden werden, um eine radikale Veränderung der strategischen Identität der Gesamtorganisation oder von Teilbereichen - z.B. um neue Geschäftsfelder zu erschießen oder mit disruptiven Veränderungen im Unternehmensumfeld umzugehen - zu ermöglichen.

Rupert Hasenzagl, Wolfgang H. Güttel

Beratung

Zusammenfassung

Gegenwärtig deutet viel darauf hin, dass es im Umfeld vieler Unternehmen zu radikalen Veränderungen durch die Entstehung neuartiger digitaler Geschäftsmodelle kommen könnte. Die Kernfragen in diesem Kontext tangieren die potenzielle Betroffenheit des eigenen Entwicklungspfades - von kleinräumigen Adaptionen zu substanziellen Pfadbrüchen - und damit verbunden die Möglichkeiten auf Weiterentwicklung bzw. Neuausrichtung des Unternehmens Einfluss zu nehmen. Eigentümer und Top-Manager sind - wieder einmal - gefordert sich mit der Zukunftsfähigkeit des Unternehmens intensiv auseinanderzusetzen. In vielen Fällen werden Berater herangezogen, um bei der fundamentalen Entscheidungsfindung Unterstützung zu leisten. Aus diesem Kontext bietet unser Blick auf die drei dominanten idealtypischen Beratungsansätze eine Diskussionsgrundlage, um Möglichkeiten und Grenzen der Veränderungen zu betrachten. Diese fundamentale Betrachtung ist umso bedeutsamer, als in Zeiten wie diesen, unzählige Beratungsmoden getragen von den Heilsversprechungen der Bestsellerautoren, Berater oder Trainer den Markt fluten.

Wir unterscheiden im Kern drei Beratungsansätze: ingenieurwissenschaftlich-ökonomische Beratung („Fachberatung"), humanistisch-sozialpsychologische Beratung („Organisationsentwicklung") und systemisch-soziologische Beratung („systemische Beratung"). Die ingenieurwissenschaftlich-ökonomische Fachberatung fokussiert primär auf den sachlichen Expertenaspekt, lässt aber besonders soziale Aspekte, die über die Akzeptanz der Vorschläge entscheiden, außen vor. Für rein sachliche Problemstellungen (z.B. Technologieentscheidungen) kann sie aber Unternehmen besondere Expertise zugänglich machen, die sonst nicht vorhanden wäre oder wo deren Aufbau wenig Sinn macht. In der humanistisch-sozialpsychologischen Beratung als Prozessberatung wurden soziale Aspekte (aus einer sozialpsychologischen Sicht) hingegen besonders herausgestrichen und es wird von oft ideologisch überhöhten demokratischen Entscheidungsprozessen und immer selbstmotivierten Mitarbeitern ausgegangen. Sofern die Betroffenen in der Lage sind in ihren Bereichen Entscheidungen für kleinräumige Optimierungen zu treffen und keine tiefgreifende Veränderung notwendig ist, können daraus neue Lösungen entstehen. Sind hingegen tiefgreifende Veränderungen im Entwicklungspfad des Unternehmens notwendig, die über den bestehenden sozial sinnhaften Möglichkeitsraum für die handelnden Akteure hinausgehen, dann kommt die systemisch-soziologische Beratung ins Spiel. Durch die Möglichkeit tiefliegende, kulturelle Kommunikations- und Entscheidungsmuster aufzudecken und iterativ einer Veränderung zugänglich zu machen, kann sie für neue kollektive Einsichten sorgen, die weit über die bestehenden Betrachtungsweisen hinausgehen. Dadurch werden Veränderungen auf der Tiefenstruktur des Unternehmens möglich, die insgesamt zu völlig neuen organisationskulturellen Mustern als Grundlage für neuartige Entwicklungspfade führen können.

Literatur

[1] European Federation of Management Consultancies Associations 2017. Survey of the European Management Consultancy. Brussels..

[2] Beispiele dafür finden sich bei Titscher, S. 2001: Professionelle Beratung: Was beide Seiten vorher wissen sollten. 2. Aktualisierte Auflage., Frankfurt/Wien; Wimmer, R. 2004. Organisation und Beratung. Systemtheoretische Perspektiven für die Praxis. Heidelberg oder Hasenzagl, R., Falkner, G., & Hatvan, B. 2006. Rollen-Interventions-Model – Eine empirische Untersuchung zur Wirkung von Beratung. Schmalenbachs Zeitschrift für betriebswirtschaftliche Forschung, 58 (12): 1033-1050, insbesondere aber: Hasenzagl, R. 2007: Die Wirkung von Beratern. Gruppendynamik und Organisationsberatung, 38 (4): 351-370;

[3] Siehe zu den verschieden Theorieebenen (gegenständliche Theorie, Rahmentheorie und Wissenschaftstheorie) Hasenzagl, R. & Müller, B. 2015: Klarheit bitte! Was hinter dem schillernden Begriff Coaching steckt und warum Haltung wichtig ist. Austrian Management Review, Vol. 4: 30-36. Eine detaillierte Darstellung der Anwendung dieser Theorieebenen zur Analyse von Beratung findet sich bei Hasenzagl, R. 2007, a.a.O.; eine Weiterentwicklung bei Hasenzagl, R. 2009: Effect of Consultants. Paper presented at the 4th Int. Management Consulting Conference, June, Academy of Management, MC Devision Vienna, Austria. Eine andere Gruppierung von grundlegenden theoretischen Ansätzen verwendet bspw. Tomenendal, M. 2010: Theorien der Beratung – Grundlegende Ansätze zur Bewertung von Unternehmensberaterleistungen. Working Paper No. 71, Institute of Management, Berlin.

[4] Vgl. Hasenzagl, R. 2007 a.a.O.

[5] Für eine nähere Erläuterung der Durchsetzungsstrategien siehe Hasenzagl, R. 2012: Zur Bedeutung von Hierarchie in Unternehmen. Austrian Management Review, 2: 24-31.

[6] Konlechner, S.W., Latzke, M., Güttel, W.H. und Höfferer, E. 2018. Prospective Sensemaking, Frames, and Planned Change Interventions: A Comparison of Change Trajectories in Two Hospital Units. Human Relations (forthcoming) sowie Konlechner, S. W., Müller, B., Güttel, W. H., Koprax, I., & Link, K. (2016). Sheep in Wolf's Clothing: The Role of Artifacts in Interpretive Schema Change. Schmalenbach Business Review, 17(2): 129-150.

[7] Kieser, A. 1995: Human Relations-Bewegung und Organisationspsychologie. In: Kieser, A. (Hsg.): Organisationstheorien, 2. Auflage, Stuttgart: 91-121, insbesondere: 91. Daher wird im Folgenden die klassische OE auch als humanistisch-sozialpsychologische Beratung bezeichnet.

[8] Nach wie vor unberücksichtigt bleibt die soziale „Tiefenstruktur" der Organisation, denn sie entzieht sich einem einfachen Zugang durch die Beteiligten selbst.

[9] Für eine Übersicht der Kritikpunkte aus der Literatur siehe bspw. Kieser, 1995: 114ff. a.a.O.

[10] Einige Business Schools fungierten zunehmend als Transferinstitutionen, um die komplexen Zugänge vereinfacht für die Praxis zu übersetzen. Dadurch wurde ihnen aus dem akademischen System (beispielsweise von anderen Fakultäten an den Universitäten) mangelnde Wissenschaftlichkeit, gemessen an naturwissenschaftlich positivistischen Paradigmen, vorgeworfen.

[11] In der Praxis stellen sich dieses eher simple Organisationsbild mit der Negierung von wesentlichen Merkmalen von Organisationen, wie sie später in der neueren Systemtheorie deutlich beschrieben wurden (bspw. effiziente d.h. koordinierte Zweckerfüllung, Komplexitätsreduktion durch soziale Strukturen etc.) und das ideologische Menschenbild als besonders problematisch heraus.

[12] Was immer in der Beraterpraxis als systemische Beratung verkauft wird, in der Beratungstheorie wird schon seit 30 Jahren unter systemischer Beratung hauptsächlich ein Ansatz verstanden, der sich nicht durch (bspw. familientherapeutische) Interventionen abgrenzen lässt, sondern insbesondere die neuere Systemtheorie nach Luhmann als Reflexionsmöglichkeit und als Grundlage der Hypothesenbildung einsetzt; (besonders deutlich dazu: Hilse, H. 2001. Alte Bilder – neue Herausforderungen: Ein Zwischenruf zur systemischen Organisationsberatung. Gruppendynamik und Organisationsberatung, 32 (3): 323-338.

[13] Im Zusammenhang mit den Begriffen Autopoiesis und Selbsterferenz ist auch der Begriff „Selbstorganisation" zu erwähnen. Selbstorganisation war auch ein wesentlicherer Bestandteil in der Entwicklung der theoretischen Grundlagen des St. Galler Managementmodells, hat aber ebenso wie die Verwendung des Begriffes in der neueren Systemtheorie, wenig mit der „Selbstorganisation" in der derzeitigen agilen Praktikerliteratur zu tun.

[14] Güttel, W.H. 2017. Führung und Wandel des Leistungskerns von Organisationen. Güttel, W.H. (Hg.): Erfolgreich in turbulenten Zeiten: Impulse für Leadership, Change Management & Ambidexterity. München & Augsburg: 19-48.

[15] Vgl. Hasenzagl, R. 2007 a.a.O. und in weiterentwickelter Fassung und Hasenzagl, R. 2009 a.a.O.

[16] Ohne näher auf den – auch von Luhmann oft unscharf verwendeten – Begriff der Anschlussfähigkeit näher einzugehen, wird hier angenommen, dass es für Anschlussfähigkeit reicht, wenn die Intervention (genauer die Mitteilungshandlung) des Beraters als Information wahrgenommen wird. Daher kann mit einer weiteren Kommunikation an diese Intervention angeschlossen werden. Es reicht also das Zustandekommen einer Kommunikation, eine Akzeptanz oder Ablehnung v.a. der inhaltlichen Komponente der Intervention, steht beim Thema Anschlussfähigkeit noch nicht im Fokus.

[17] Verdeutlicht werden kann das sehr gut durch eine Metapher aus einem anderen Realitätsbereich: so kann die Wirkung eines Arztes dann angenommen werden, wenn der Patient gesund wird ($Q(t)$ ist hoch) und ein Zusammenhang zwischen den Handlungen des Arztes und dem verbesserten Zustand hergestellt werden kann ($A(t)$).

[18] Güttel, W. H. Anschlussfähigkeit, Akzeptanz oder Ablehnung von Interventionen in Beratungsprozessen. Consulting Research. DUV, 2007. 281-294.

[19] Damit sind in dieser Wirkungsformel alle drei Dimensionen von sozialem Geschehen nach Luhmann berücksichtigt: die inhaltliche mit Q, die soziale mit der Anschlussfähigkeit A und die zeitliche mit der Schreibweise der Variablen W, Q, A als Funktion der Zeit, bspw. $W(t)$.

[20] Z.B. Froschauer U. & Lueger, M. 2003. Das qualitative Interview: Zur Praxis interpretativer Analyse sozialer Systeme. Wien und in der Anwendung etwa Dietrich, A., Frank, H., Güttel, W. H., & Hasenzagl, R. 2005. Das Feuer kleiner Gruppen: Analyse der Entwicklungslogik und -dynamik eines Beratungsprozesses. Gruppendynamik und Organisationsberatung, 36(3): 271-284.

[21] Vermeulen, F. 2018. A basic theory of inheritance: How bad practice prevails. Strategic Management Journal 39: 1603-1629. Der Beitrag zeigt eindringlich, warum es immer länger braucht, bis erkennbar wird, dass eine vermeintliche „good practice" negative Konsequenzen hat und sich daher auch „bad practices" durchsetzen. Denn während der Verbreitung von good practices - beispielsweise über Beratungsprojekte - werden die Konsequenzen, die sich im Zeitverlauf ergeben, nicht erkannt. Was für ein Unternehmen positive Wirkung entfaltet, kann für andere Unternehmen verheerend wirken. Dennoch führen anfängliche positive Beispiele dazu, dass viele Unternehmen versuchen diese „good practices" nachzuahmen. Erst mit der Zeit wird klar, dass es sich um „bad practices" handelt. Dann ist es aber vielleicht schon zu spät.

Angaben zu den Autoren

Prof. Dr. Rupert Hasenzagl, bis Ende 2017 Lehrtätigkeit als Management Professor an der AKAD University, private Hochschule in Stuttgart. Derzeit ist er neben der akademischen Lehrtätigkeit in Österreich (bspw. Verantwortung für einen MBA Studiengang bei der LIMAK) verstärkt in der Managementforschung am Institute of Human Resource & Change Management an der JKU Linz und bei der Forschergruppe Neuwaldegg, sowie als Unternehmensberater tätig.

Univ.-Prof. Dr. Wolfgang H. Güttel ist seit 2009 Universitätsprofessor am Institute of Human Resource & Change Management an der Johannes Kepler Universität (JKU) Linz und war von 2011 bis 2015 Dean sowie Co-Geschäftsführer der LIMAK Austrian Business School der JKU. Zuvor war er an den Universitäten Kassel, Hamburg, Liverpool und Padua sowie an der WU Wien tätig. Vor seiner akademischen Karriere arbeitete er als Managementberater bei Daimler-Benz AG, bei Diebold Management Consulting sowie als selbständiger Berater und Trainer. Seine Forschung ist den Themen Leadership & Change Management gewidmet. Die von ihm initiierte Austrian Academy of Management & Leadership dient dem Theorie-Praxis-Transfer im Bereich Management und Leadership. Seine Beratungsgesellschaft Güttel Management Consulting, Research, & Training (guettel2) dient ebenfalls dazu mit wissenschaftlichem Background praktische Probleme zu lösen.

Gordon Müller-Seitz

Professor und Leiter des
Fachgebiets für Strategie, Innovation
und Kooperation, Technische
Universität Kaiserslautern
gms@wiwi.uni-kl.de

Werner Weiss

Geschäftsführer
Insiders Technologies
w.weiss@insiders-technologies.de

Kunst und Wissenschaft als Widerspruch?

Auf den Spuren Leonardo da Vincis

Während Künstlerinnen und Künstler als extrovertierte Freigeister mit hohen Freiheitsgraden gelten, werden Wissenschaftlerinnen und Wissenschaftlern eher mit Introvertiertheit und Penibilität in Verbindung gebracht. Im vorliegenden Beitrag soll diese einseitige Sicht kritisch hinterfragt und zugleich eine alternative Position aufgezeigt werden. Unter Verweis auf unterschiedliche Beispiele wird dargestellt, wie Kunst und Wissenschaft nicht Widerspruch, sondern durchaus eine Symbiose – vor allem mit Blick auf die Innovationskultur einer Organisation – sein können.

Kunst und Wissenschaft – ein Widerspruch?

Kunst und Wissenschaft stellen zunächst ganz offensichtlich Kontrapunkte dar. Schnell lassen sich Assoziationen finden, die ähnlich wie Kunst und Kommerz[1] an scheinbar unüberbrückbare Differenzen erinnern. Was hat denn auch ein exzentrischer Künstler, wie etwa Andy Warhol, mit einem eher zurückhaltenden Wissenschaftler gemein? Auf den ersten Blick herzlich wenig.

Denn während Künstlerinnen und Künstler grundsätzlich als extrovertierte Persönlichkeiten gelten, die vermeintlich hohe Freiheitsgrade genießen und bevorzugt öffentlichkeitswirksame, teils exzessive Happenings inszenieren, sind solche Attribute im Wissenschaftssystem eher die Ausnahme. Um wissenschaftlich erfolgreich zu sein gilt es, in international renommierten Fachzeitschriften zu publizieren und es bedarf in den meisten Disziplinen kaum einer ‚Freigeistigkeit' im künstlerischen Sinne. Im Vordergrund steht vielmehr der faktenbasierte Diskurs. Allzu provokantes Auftreten ist eher kontraproduktiv.

Bei genauerem Hinsehen werden hier also durchaus widersprüchliche Tendenzen offenbar. Diesen Widersprüchen wird nachgespürt, da aus unserer Sicht eine Verbindung beider ‚Pole' einen Gewinn für die Unternehmenspraxis darstellen kann, etwa mit Blick auf die Förderung einer Innovationskultur und die Verbesserung der Wettbewerbsfähigkeit. Dies findet auch wissenschaftlich Anklang, schließt mithin auch an existierende Debatten zum Umgang mit Paradoxien an.[2] Um die Unterschiede bzw. potentiellen Gemeinsamkeiten von Kunst und Wissenschaft näher auszuleuchten kommt es im ersten Schritt zu einer Spurensuche. Sie startet bei Leonardo da Vinci und führt über die Auseinandersetzung mit dem Science-Fiction-Genre zu Innovatoren und Wissenschaftlern der Gegenwart, Steve Jobs und Frederik de Wilde. Außerdem liefern wir im Anschluss das illustrative Fallbeispiel eines mittelständischen ‚Hidden Champions'. Es geht dabei um Insiders Technologies und wir gewähren Einblicke in dieses Unternehmen. Aus den empirischen Indizien wollen wir sodann Lerneffekte für ein Handeln im Zeitalter der Digitalisierung ableiten – in dem aus unserer Sicht sowohl empirisch als auch theoretisch-konzeptionell Kunst und Wissenschaft *kein* Widerspruch sein müssen.

Scheinbar widersprüchliche Indizien I – Leonardo da Vinci als ein zentraler Vorreiter der Symbiose zwischen Kunst und Wissenschaft

Leonardo da Vinci kann als einer der wenigen Universalgelehrten der Menschheitsgeschichte angesehen werden.[3] Zunächst bringt man da Vinci sicherlich nahezu ausschließlich mit seinen ästhetischen und künstlerischen Meisterwerken in Verbindung, etwa mit der Mona Lisa. Da Vinci war allerdings nicht nur als Maler und Zeichner hochbegabt. Zu seinem Vermächtnis gehören auch viele Arbeiten, u.a. aus den Feldern Architektur, Mathematik, Anatomie und Ingenieurswesen. Hervorzuheben ist, dass er von der Verbindung seiner auf den ersten Blick getrennten Aktivitäten in den Bereichen der Wissenschaft und Kunst nachhaltig profitierte.

Richtung der Wirkeffekte	Beispiele aus dem Werk von Leonardo da Vinci
Wissenschaft -> Kunst	Verbotene und im Verborgenen durchgeführte anatomische Studien an Leichen informieren das künstlerische Werk da Vincis, indem seine Malerei (z.B. die Mona Lisa) auch im Detail sehr realitätsnah ausgestaltet sind.
Kunst -> Wissenschaft	Durch die Sfumato-Technik rückt da Vinci bis dato kaum adressierte Themen, wie etwa das Entstehen von Emotionen, in den Mittelpunkt, denen er später in seinen wissenschaftlichen Studien nachforscht.
Kunst <-> Wissenschaft	Auseinandersetzung mit dem ‚goldenen Schnitt' im Zuge des Zeichnens des vitruvianischen Menschen.

Tab. 1: Interdependenzen zwischen Kunst und Wissenschaft am Beispiel von Leonardo da Vinci.

Das Faszinosum Leonardo da Vinci ist dabei zusätzlich vor allem deshalb interessant, weil sich anhand seiner Aktivitäten nachzeichnen lässt, wie sich Kunst und Wissenschaft wechselseitig beeinflussen (siehe Tabelle 1 für einen Überblick). Zunächst soll hierfür der Einfluss der Wissenschaft auf die Kunst illustriert werden. Da Vinci erstellte sowohl künstlerisch als auch wissenschaftlich wertvolle Illustrationen. Insbesondere auf dem Gebiet der Anatomie legte er bahnbrechende Arbeiten vor. Dafür riskierte er vielfach nicht nur seinen Ruf, sondern auch sein Leben, da er für seine anatomischen Studien im Laufe der Jahre u.a. mehr als 30 menschliche Leichnamen sezierte, was damals streng verboten war. Seine außergewöhnliche Beobachtungsgabe und sein Eifer führten letztlich dazu, dass er sehr präzise menschliche Bewegungen und Emotionen in seinen Bildern und Zeichnungen festhalten konnte. Der vitruvianische Mensch ist dafür ein bekanntes Beispiel.

> *„Hierfür riskierte [da Vinci] vielfach nicht nur seinen Ruf, sondern auch sein Leben, da er für seine anatomischen Studien im Laufe der Jahre u.a. mehr als 30 menschliche Leichen sezierte, was strikt verboten war."*

Während der Einfluss der Wissenschaft auf die Kunst noch relativ leicht zu rekonstruieren ist, erscheint dies im Falle des Einflusses der Kunst auf die Wissenschaft zunächst anspruchsvoller. Doch auch hierfür kann ein prägnantes Beispiel angeführt werden: So gilt da Vinci als Erfinder der von ihm stark genutzten Sfumato-Technik, bei der die Kanten und Konturen von Gegenständen oder Landschaften leicht verschwommen (Sfumato (ital.): verschwommen oder verraucht) dargestellt werden. Hierdurch entsteht eine größere Tiefe und Realitätsnähe bei den Bildern. Dieses prägende Stilelement seiner Kunstwerke ermöglichte es ihm, teilweise bis dato neue darstellerische Dimensionen zu erschließen, wie z.B. das mysteriöse Lächeln der Mona Lisa.

Doch was sind hierbei nun die Auswirkungen auf die Wissenschaft? Hier lässt sich die Erkundung der Emotionen von Personen heranziehen, die da Vinci erforschen wollte, um realistischere Kunstwerke hervorbringen zu können. In der Folge versuchte er auch, Gehirnströme zu erkunden.

Schließlich soll noch auf das Wechselspiel zwischen Kunst und Wissenschaft abgestellt werden. Als da Vinci den vitruvianischen Menschen zeichnete, wollte er natürlich auch Neues kreieren. Aber er war laut Isaacson[4] auch kontinuierlich damit beschäftigt, die mathematischen Herausforderungen der Quadratur des Kreises, die Analogie des Mikrokosmus Mensch und des Makrokosmos Erde, die menschlichen Körperproportionen in anatomischen Studien, die Transformation geometrischer Formen sowie das Kunst und Wissenschaft kombinierende Verhältnis des ‚goldenen Schnitts' zu reflektieren. Das Wechselspiel zwischen Kunst und Wissenschaft lässt sich auch gut vor dem Hintergrund verstehen, dass Künstlerinnen und Künstler früher wissenschaftliche Erkenntnisse für die Bevölkerung transparent gemacht haben. Eine ähnliche Rolle kommt heute Museen zu.

Scheinbar widersprüchliche Indizien II – *Science* Fiction als weiterer Ansatzpunkt für eine symbiotische Betrachtung

Wenden wir uns nunmehr weiteren, auf den ersten Blick konträren Indizien aus dem Themenfeld Science Fiction zu. Bei diesem künstlerischen Genre ist bereits im Namen verankert, dass fiktive – für den vorliegenden Kontext würden wir festhalten wollen: auch künstlerische – Elemente entworfen werden. Zumeist handelt es sich dabei um technologiegetriebene Szenarien in Form von Utopien oder Dystopien.

Dabei wird aus Fiktion jedoch auch schnell wissenschaftlich Neues geschaffen. Science Fiction beschreibt somit weniger die Wirkrichtung von

„Science Fiction beschreibt somit weniger die Wirkrichtung von Science auf Fiction, als vielmehr von Fiction auf Science."

Science auf Fiction, als vielmehr von Fiction auf Science. Wie lässt sich dies begründen? Dazu kann eine Vielzahl von Science Fiction-Werken herangezogen werden, von denen wir exemplarisch zwei herausgreifen wollen, Romane und Filme.

Jules Verne hat in seinen Romanen bereits erstaunliche Vorarbeiten und Inspirationen für spätere technologische Entwicklungen geliefert. So entwarf er abenteuerliche Reisen, bei denen seine Protagonisten bereits U-Boote oder Helikopter nutzten. Auch Philip Dick ersann schon 1982 in seinem Film ‚Blade Runner' eine Reihe von Innovationen, die heute unseren Alltag bereichern, z.B. gigantische elektronische Bildflächen (anzutreffen am Picadilly Circus), künstliche menschliche Körperteile bzw. Wesen (‚Replikanten') oder Tiere.

Für den Bereich des Films steht vor allem Stanley Kubrick, der in seinen Filmen bereits die technologischen Entwicklungen der Flachbildschirme und Bildtelefonie antizipierte. Bekannt wurde insbesondere sein Werk ‚2001: Odyssee im Weltraum', in dem schon die genannten Technologien gezeigt wurden.

Scheinbar widersprüchliche Indizien III – Apple Produkte als wirtschaftlich erfolgreiche Stilikonen

Steve Jobs, einer der Gründer und CEO der Technologiefirma Apple, prägte das Unternehmen maßgeblich in einer Zeit, in der Ästhetik und Design[5] von Produkten faktisch keinerlei Rolle gespielt haben. Er führte Apple jedoch zu Weltruhm, indem er Kunst, Wissenschaft und Wirtschaftlichkeit miteinander verband. Sein Anspruch bestand vor allem in der Perfektionierung seiner Produkte. Neben technologischer Leis-

---

Literaturtipps

Lesetipp zu Leonardo da Vinci und seinem Wirken an der Schnittstelle zwischen Kunst und Wissenschaft: Isaacson, W. 2017. Da Vinci. New York: Simon & Schuster.

Mit Blick auf die Kunst- und Innovationskultur im Zuge der digitalen Transformation sei auf das Kapitel von Heinlein und Weiss (2018) in dem folgenden Sammelband verwiesen: Lingnau, V., Müller-Seitz, G., Roth, S. (Hrsg.) 2018. Management der digitalen Transformation: Interdisziplinäre theoretische Perspektiven und praktische Ansätze. München: Vahlen.

tungsfähigkeit zählte dazu auch eine ästhetische Dimension, die sich in einem anspruchsvollen und hochwertigen Design niederschlug.

Mit dem Design war zugleich die Nutzerfreundlichkeit der Produkte verbunden. Interessanterweise strebte Jobs in erster Linie nicht nach Anpassung der Produkte an existierende Trends bzw. Konsumentenpräferenzen. Ähnlich wie Henry Ford mit der Einführung von Arbeitsteilung und Fließbandarbeit oder da Vinci mit seiner Sfumato-Technik wollte er etwas völlig Neues erschaffen. Die Ästhetik und Funktionalität seiner iPad-, iPhone- und iPod-Modelle wurde zuvor oft imitiert, erreicht wurde sein Perfektionsgrad indes nie.

Bezeichnend ist etwa das Beispiel des vom Fraunhofer Institut in Nürnberg entwickelten MP3-Players, den Apple und mit einem revolutionären Design übernahm und zu kommerziellem Erfolg führte.

Erkenntnisse gelebter Kunst- und Innovationskultur bei Insiders Technologies als erfolgreiches Beispiel der Symbiose

Am Beispiel des auf künstliche Intelligenz spezialisierten mittelständischen Unternehmens Insiders Technologies soll nun die Symbiose von Kunst- und Innovationskultur anhand von drei Erkenntnissen näher beleuchtet werden.[6] Die Innovationskultur bei Insiders Technologies ist eng mit der Kombination von Kunst und Wissenschaft verbunden, da das Unternehmen ein Spin-off des Deutschen Zentrums für Künstliche Intelligenz ist und somit quasi bereits die ‚DNA' des Unternehmens eng mit Wissenschaft verknüpft ist. Wo lassen sich nun aber die beiden zentralen Facetten dieser Unternehmenskultur – Kunst und Wissenschaft – im Unternehmensalltag von Insiders konkret identifizieren?

Erkenntnis 1: Kunst und Wissenschaft – kein Widerspruch!

Zwei anschauliche Beispiele sollen eine Antwort auf die vorangestellte Frage liefern und vor allem auch künstlerisch-kreative Aspekte hervorheben. Einerseits sind die Räumlichkeiten bei Insiders Technologies bewusst als Kreativitätsfreiräume konzipiert. Je nach Arbeitsaufgabe können die Mitarbeiterinnen und Mitarbeiter beispielsweise in farblich differierenden Rückzugsorten nachdenken oder sich in einer Innovationsarena aufhalten, bei der drei verschiedene Aufgabentypen an der Schnittstelle zweier Gänge positioniert sind und Interaktionen durch das wortwörtliche Aufeinandertreffen der Mitarbeiterinnen und Mitarbeiter gefördert werden sollen. Insofern bilden Arbeitsräume einen in diverser Hinsicht drastischen Kontrast zur monotonen Großraumbüroatmosphäre, wie sie oft noch in Großbetrieben vorherrscht.

Andererseits sind die Büromöbel teilweise individuell gefertigt oder selbst entworfen worden. Ähnlich wie bei der Innovationsmethodik Design Thinking ist das Mobiliar für Kreativprozesse daher mobil, bequem und optisch ansprechend zugleich. Durch die Ausgestaltung der Räume das Arbeiten konstruktiv zu bereichern und eine innovative Arbeitsatmosphäre zu schaffen, stellt einen weiteren Ansatz zur kreativen Inspiration dar.

Als zentraler Effekt lässt sich daher festhalten, dass Kunst und Wissenschaft per se keinen Widerspruch darzustellen scheinen. Dies ist auch damit zu begründen, dass Künstlerinnen und Künstler ebenso wie Wissenschaftlerinnen und Wissenschaftler hochgradig innovativ und daneben vielfach auch kommerziell erfolgreich sind.

Auf den zweiten Blick überwiegen sogar die Parallelen: In beiden Sphären sind die Menschen durch eine außergewöhnliche Leidenschaft für ihre Arbeit gekennzeichnet – zu denken wäre hier an den Wagemut da Vincis, Leichname zu sezieren.

! Frederik de Wilde – Erfinder des schwärzesten Schwarz

Frederik de Wilde ist ein anschauliches, aktuelles Beispiel für die Verbindung von Kunst und Wissenschaft. Er ist vor allem wissenschaftlich weltweit dadurch sichtbar, dass er das schwärzeste Schwarz in Kooperation mit der National Aeronautics Space Association erfunden hat. Seine künstlerische Tätigkeit und ästhetisches Empfinden werden dabei durch die wissenschaftlichen Errungenschaften beeinflusst. Das gezeigte Objekt (Abbildung 1) ist von de Wilde entworfen und ist an der Oberfläche durch das schwärzeste Schwarz bedeckt.

Der Drang, Neues, Unbekanntes und Unwägbares zu entdecken, ist in beiden Fällen ebenfalls ein zentrales Merkmal. Die vielfach verbreiteten Hemmungen, sich Unsicherem anzunähern bzw. unter hochgradiger Unsicherheit zu agieren sowie andere Menschen von den eigenen Visionen zu überzeugen ist für diese Menschen eher Motivation zu Höchstleistungen.[7] Außerdem handelt es sich zumeist um Personen, die über außergewöhnliche Talente und eine ausgefallene Vita verfügen. Hier lässt sich etwa im Fall von Steve Jobs anführen, dass er eigenen Angaben zufolge[8] u.a. dadurch in seinem Handeln nachhaltig geprägt wurde, dass er ein Adoptivkind war und später Drogen wie etwa LSD konsumierte.

„Kunst und Wissenschaft – kein Widerspruch! [...] Auf den zweiten Blick überwiegen sogar die Parallelen."

Angesichts der voranstehenden Ausführungen lässt sich außerdem resümierend festfesthalten, dass sowohl Wissenschaftlerinnen und Wissenschaftler als auch Künstlerinnen und Künstler letztlich das gleiche Ziel verfolgen, wenngleich der Weg oftmals in erster Linie unterschiedlich scheint, da in der Wissenschaft die Ratio überwiegt, in der Kunst hingegen Gefühl und Glaube.

Abb. 1: NASABlck-Crcl#1.

Quelle: © Frederik de Wilde (2014).

Erkenntnis 2: Schöpferische Zerstörung ist unabdingbar

Die bisherige Diskussion lässt bereits erahnen, dass bei Insiders Technologies durch die Unternehmensführung eine kulturell-schöpferische Zerstörung stets vorgelebt wird. Der durch den österreichischen Ökonomen Joseph Schumpeter[9] geprägte Begriff kann dabei auch als eine Symbiose von Kunst und Wissenschaft interpretiert werden, was sich nicht nur sprachlich unter Verweis auf den von ihm geprägten Begriff der *schöpferischen* Zerstörung untermauern lässt. Auch die Ansicht Schumpeters, dass Neues in Umlauf gebracht werde, indem es Altes überwinde, deutet darauf hin. Dabei verweist Schumpeter auch explizit auf den Gestaltungswillen von Unternehmern, stets völlig Andersartiges zu schaffen.[10]

Bei Insiders Technologies wird Schumpeter insofern Rechnung getragen, als die Unternehmensphilosophie darauf ausgerichtet ist, die Welle der Digitalisierung quasi selbst zu reiten, d.h. die digitale Transformation aktiv mit zu gestalten ‚anstatt von der Welle erschlagen' zu werden. Insofern werden die digitale Transformation und die damit einhergehenden Änderungen hier nicht wie vielfach in den Medien kolportiert als Bedrohung, sondern vielmehr als zum Erhalt der Wettbewerbsfähigkeit unabdingbare Chance wahrgenommen.[11]

Erkenntnis 3: Kunst und Wissenschaft in Interaktion

Nach den Erfahrungen von Insiders Technologies lässt sich folgern, dass Kunst und Wissenschaft durchaus bewusst in einen Dialog treten sollten. So nutzt man zum Beispiel unterschiedliche Artefakte, hier: vorwiegend Kunstwerke in Form von Bildern, um

Diskussionen zu stimulieren. Aber auch ausgefallene Kronleuchter, Lärm absorbierende Deckenpaneele aus echtem Moos oder ungewöhnliche Kunstobjekte sollen inspirieren sowie die Belegschaft und Kundinnen und Kunden zur Diskussion anregen.

Losgelöst von der rein ästhetischen Dimension wird durch Kunstwerke auch das Wohlbefinden der Mitarbeiterinnen und Mitarbeiter positiv beeinflusst (Abbildung 2). So entsteht in den Räumlichkeiten eine angenehme und gleichsam anregende Atmosphäre, wie es auch von vielen Unternehmen der Kreativwirtschaft verfolgt wird (z.B. Pixar[12]).

Abb. 2: Das Berliner Büro von Insiders Technologies spiegelt die eng mit Kunst verbundene Innovationskultur wider.

Quelle: © Insiders Technologies (2018).

Einen ähnlichen Effekt erfüllen Roadshows oder Messen.[13] Beispielhaft sei an dieser Stelle auf die 1979 in Linz erstmals ins Leben gerufene Ars Electronica verwiesen. Dieses Festival hat sich mittlerweile als jährlicher Treffpunkt für Akteure etabliert, die Themen an der Schnittstelle Kunst und digitale Technologien problematisieren.

Fazit: Leonardo da Vinci als zeitgenössische Inspiration für Organisationen

Zielsetzung dieses Beitrags war es, den vermeintlichen Widerspruch zwischen Kunst und Wissenschaft näher zu untersuchen. Hierfür wurde auf unterschiedliche Aspekte diverser Beispiele zurückgegriffen, beginnend bei Leonardo da Vinci bis hin zu Steve Jobs und Insiders Technologies als Fallbeispiele. Daraus ließen sich schließlich drei zentrale Erkenntnisse ableiten (siehe dazu auch Box :Managementempfehlungen).

Management

❗ Management-Empfehlungen

1. Kunst *und* Wissenschaft statt Kunst *oder* Wissenschaft – die Parallelen überwiegen und sollten zum Aufbau einer Innovationskultur genutzt werden.
2. Kunst und Wissenschaft liefern immer wieder Impulse, Etabliertes zu überwinden. Die Kraft der schöpferischen Zerstörung spielt hier im besten Schumpeter'schen Sinne eine zentrale Rolle.
3. Kunst kann auch als Impulsgeber für die Wissenschaft dienen. Wie am Beispiel von Insiders Technologies dargelegt, kann Kunst eingesetzt werden, um Diskussionen anzuregen und neue Wege zu gehen bzw. zu denken. In Konsequenz können so Innovationen hervorgebracht und die Wettbewerbsfähigkeit gesichert werden.

In diesem Zusammenhang möchten wir schließlich auch noch die besondere Bedeutung der hier vorgetragenen, verbindenden Sicht von Kunst und Wissenschaft für zukünftige Management- und Innovationsmanagement-Konzepte in Anschlag bringen. Denn ein Management im Zeitalter der digitalen Transformation erfordert geradezu diese Verbindung. Immer kürzere Innovationszyklen gehen vielfach mit immer wieder auftretenden disruptiven Entwicklungen einher, die vielfach auf eben diese Symbiose von Kunst und Wissenschaft zurückzuführen sind. Kunst und Wissenschaft sollten daher als Möglichkeit betrachtet werden, die auf den ersten Blick vorhandenen Paradoxien bzw. Spannungen als Quelle für Innovation zu interpretieren.[14]

Die angeführten Effekte wären sicherlich von da Vinci begrüßt worden. Seiner Auslegung nach waren Kunst und Wissenschaft eng miteinander verflochten – ein Ansatz, der bis heute zu gelten scheint und den da Vinci pointiert wie folgt formuliert hat: "Art is the queen of all sciences communicating knowledge to all generations of the world".[15]

Literatur

[1] Link, K. 2011. Im Spannungsfeld zwischen Kunst und Kommerz. Austrian Management Review, 1: 45-49.
[2] Smith, W.K. Lewis, M.W. 2011. Toward a theory of paradox: A dynamic equilibrium model of organizing. Academy of Management Review, 36(2): 381-403; s. auch Garaus, C., Güttel, W. 2013. Erfolgreiches Management von radikalen und inkrementellen Innovationen: Erkenntnisse aus Österreichs mittelständischen und großen High-Tech-Unternehmen. Austrian Management Review, 3: 52-59.
[3] Isaacson, W. 2017. Da Vinci. New York: Simon & Schuster.
[4] Ebenda.
[5] Feige, D.M. 2018. Design. Eine philosophische Analyse. Suhrkamp.

[6] Heinlein, K., Weiss, W. 2018. Innovationskultur von Morgen – Zukunft gestalten im Zeitalter des digitalen Wandels. In: Lingnau, V., Müller-Seitz, G., Roth, S. (Hrsg.) 2018. Management der digitalen Transformation. München: Vahlen. S. 245-258.

[7] Miller, D. 2015. A Downside to the Entrepreneurial Personality? Entrepreneurship Theory and Practice, 39(1): 1-8.

[8] Isaacson, W. 2011. Steve Jobs. The Exclusive Biography. Abacus: London.

[9] Schumpeter, J.A. 1931. Theorie der wirtschaftlichen Entwicklung. Eine Untersuchung über Unternehmergewinn, Kapital, Kredit, Zins und den Konjunkturzyklus. 3. Aufl. München/Leipzig.

[10] Corsten, H., Gössinger, R., Müller-Seitz, G., Schneider, H. 2016. Grundlagen des Technologie- und Innovationsmanagement. 2. Aufl. München: Vahlen.

[11] Lingnau, V., Müller-Seitz, G., Roth, S. Hrsg. 2018. Management der digitalen Transformation: Interdisziplinäre theoretische Perspektiven und praktische Ansätze. München: Vahlen.

[12] Catmull, E. 2014. Creativity Inc. Overcoming the Unseen Forces That Stand in the Way of True Inspiration. London: Bantam.

[13] Schüßler, E., Müller-Seitz, G., Grabher, G. (Hrsg.) 2015. Field-Configuring Events: Arenas for Innovation and Learning? Industry & Innovation, 22(3).

[14] Lewis, M.W. 2000. Exploring Paradox: Toward a More Comprehensive Guide. Academy of Management Review, 25(4): 760-776.

[15] Chaucer, H. 2012. A Creative Approach to the Common Core Standards: The Da Vinci Curriculum. Lanham: Rowman & Littlefield.

Angaben zu den Autoren

Univ.-Prof. Dr. Gordon Müller-Seitz ist Inhaber des Lehrstuhls für Strategie, Innovation und Kooperation an der Technischen Universität Kaiserslautern. Seine inter- und transdisziplinären Forschungsaktivitäten fokussieren vor allem die Schnittstelle zwischen Theorie und Praxis. Seine Forschungsarbeiten werden durch Kooperationen mit renommierten nationalen und internationalen Praxispartnern untermauert. Die Themenschwerpunkte der Forschung, Lehre und Beratung von Müller-Seitz sind: Technologie- und Innovationsmanagement, insbes. Open Innovation und Geschäftsmodellinnnovationen, Netzwerk und Kooperationsmanagement, Management der digitalen Transformation sowie Risikomanagement.

Werner Weiss ist geschäftsführender Gesellschafter und Mitgründer von Insiders Technologies, einem Spin-off des Deutschen Forschungszentrums für Künstliche Intelligenz (DFKI). Das in Kaiserslautern und Berlin ansässige Unternehmen wurde seit mehreren Jahren hintereinander als eines der innovativsten mittelständischen, angewandt forschenden Unternehmen Deutschlands ausgezeichnet. Im Jahr 2015 wurde Insiders Technologies als „TOP-Innovator des Jahres" und zugleich „Innovativstes Unternehmen des deutschen Mittelstands" in der Größenklasse 50-250 Mitarbeiter ausgezeichnet.

Katharina Musil

Vertragshochschullehrerin an
der Pädagogischen Hochschule Linz
katharina.musil@ph-linz.at

Stefan Musil

Abteilungsleiter
Bereich Wasser
Linz Service GmbH - Linz AG
s.musil@linzag.at

Mit dem Krisenmanagement sicher durchs Hochwasser

um im Ernstfall handlungsfähig zu bleiben

Was passiert, wenn die Wasserversorgung nicht gewährleistet ist? Der Roman „Black-out" von Marc Elsberg[1] skizziert sehr eindrücklich drohende Szenarien. Nach einem Tag haben Haushalte kein Trinkwasser mehr und Brände können nicht mehr bekämpft werden. Schon nach wenigen Tagen existiert die Gefahr der Seuchenbildung. Mit solchen Szenarien wollen wir uns maximal in (Science-Fiction) Filmen oder Büchern beschäftigen. Für die eigene Stadt und die eigene Zukunft möchte sich das aber niemand genauer vorstellen. Der Geschäftsbereich Wasser der LINZ SERVICE GmbH tut dies allerdings routinemäßig, mit unterschiedlichen Szenarien, um im Ernstfall möglichst gut auf solch seltene oder noch nie dagewesene Ereignisse vorbereitet zu sein und handlungsfähig zu bleiben.

LINZ AG: eine Hochsicherheitsorganisation

In Österreich bedeutet Trinkwasserversorgung nicht nur die Versorgung in ausreichender Menge und Qualität mit dem Lebensmittel Trinkwasser, sondern auch die Bereitstellung von Nutzwasser für den häuslichen, gewerblichen und industriellen Bereich, sowie vor allem in Städten für die Brandbekämpfung. Die beschriebenen Szenarien verdeutlichen bereits, wie wichtig es ist, dass die LINZ AG möglichst gut auf Krisen vorbereitet ist, da sie für die Funktionsfähigkeit von kritischer Infrastruktur[2] zuständig ist. Ein Blackout oder ein Terroranschlag sind zwar noch nie vorgekom-

> ### LINZ AG- Geschäftsbereich Wasser
>
> Der Geschäftsbereich Wasser ist ein Betrieb der LINZ SERVICE GmbH - LINZ AG, welche im Eigentum der Stadt Linz steht. Der Geschäftsbereich Wasser versorgt nicht nur als kommunaler Wasserversorger die Stadt Linz, sondern erbringt auch Dienstleistungen für 25 Umlandgemeinden. Zum breiten Angebot zählen dabei die Wasserlieferung, die Betriebsführung und der Bau von Wasserversorgungsanlagen. 114 MitarbeiterInnen stellen die Wasserversorgung qualitativ und quantitativ für 400.000 Menschen sicher.

men, die Tragweite solcher Ereignisse ist aber so groß, dass sie nicht ignoriert werden können. Die LINZ AG bereitet sich, wie andere Hochsicherheitsorganisationen auf das Unvorhergesehene vor und investiert in Analyseverfahren und Routinen, die die Sicherheit erhöhen, auch wenn diese kostenintensiv sind.[3] Sie kommt damit dem strategischen Ziel der Gesetzgebung nach, Risikoanalysen durchzuführen,[4] daraus Maßnahmen zur Risikovermeidung abzuleiten und ein Sicherheits- beziehungsweise Krisenmanagement zu installieren, was in der Folge genauer beschrieben wird.

Störung oder Krise: der gewisse Unterschied

Das Krisenmanagement hebt die Linienorganisation und die gewöhnlichen Entscheidungsstrukturen für den Zeitraum der Krise auf. Die Situation erfordert tiefgreifende Veränderungen der organisatorischen Rahmenbedingungen. Daher ist es wichtig, genaue Regelungen festzulegen, wann das Krisenmanagement zu installieren und zu deinstallieren ist. Nicht jede Störung erfordert solch drastische Maßnahmen, weswegen eine genaue Abgrenzung von Störung und Krise in der Geschäftsordnung notwendig ist.

Mögliche Großstörungen (Auszug)
- Hochwasser
- Unfälle
- Stromausfall/Blackout
- Radioaktiver Fallout
- Epidemien
- Terroristische Attacken
- Zerstörung von Infrastruktur

Die Europäische Norm[5] definiert eine Störung als „Abweichung von den normalen Betriebsbedingungen". Eine solche Störung ist nur dann eine Krise, wenn es sich um ein Ereignis handelt, „[...] durch dessen [...] Auswirkung ein Trinkwasserversorger andere Organisationsstrukturen und möglicherweise mehr als die üblichen Betriebsmittel benötigt, um einen Notfall zu bewältigen".[6] Während der Störfall in der normalen Linienorganisation abgewickelt wird, wird bei einer möglichen Krise der Krisenstab vom Krisenstabsleiter einberufen. Der Prozess der Alarmierung, Einberufung und Konstitution ist ebenso wie die Arbeit im Krisenstab und die Auflösung nach klaren Vorgaben in der Geschäftsordnung der LINZ AG geregelt. Dies ermöglicht eine permanente Handlungsfähigkeit, sowohl bei Stör-, als auch bei Krisenfällen.

In der Krise: alles andere als normal

Im Alltag können Organisationen die Komplexität von Entscheidungssituationen durch Strategien, Routinen, Regeln und Strukturen reduzieren. Unternehmensstrategien geben Handlungskorridore vor. Die Organisationsstruktur definiert die möglichen Entscheidungsinhalte. Die hierarchische Position legt den Entscheidungsspielraum fest und Routinen und Regeln reduzieren die Handlungsalternativen auf eine handhabbare Anzahl.[7] In der Krise sind diese Mechanismen nur bedingt effizient und zielführend. Die Krisensituation ist mit besonders viel Unsicherheit, Komplexität und unvollkommener Information behaftet. Im Gegensatz zu Routinesituationen sind weder die möglichen Handlungsalternativen, geschweige denn die daraus resultierenden möglichen Konsequenzen bekannt. Zusätzlicher Druck entsteht durch die Notwendigkeit von raschen Entscheidungen und die weitreichenden Konsequenzen von „falschen" Entscheidungen. Die außergewöhnliche Situation reiht strategische Prioritäten neu und erfordert organisatorische Rahmenbedingungen, die ein unverzügliches Zusammentreffen der Entscheidungsträger, schnelle Prozesse wie Informationsbeschaffung und straffe Führungsstrukturen[8] für zügige Entscheidungsfindung und -umsetzung ermöglicht.[9] Die Alltagsroutinen und Prozesse des Wasserversorgers, die sich in bürokratischen Strukturen, in hierarchisch langsamen Kommunikationsprozessen und einem kooperativen Führungsstil manifestieren, können dies nicht im erforderlichen Maß leisten.[10] Um die Krise effektiv zu meistern, bedarf es daher einen organisatorischen Rahmen, der in den oben genannten Punkten empfindlich von den Alltagsroutinen abweicht. Das Krisenmanagement kommt diesen Anforderungen nach und bietet Orientierung in der komplexen Entscheidungssituation.

„Eine Krise ist eine komplexe Situation unbekannter Natur, die nur mit vordefinierten Denk- und Organisationsstrukturen professionell bewältigt werden kann." (Wolfgang Czerni, Infraprotect)

Was bei der LINZ AG in der Krise alles anders ist

Folgende Tabelle gibt einen Überblick über die organisatorischen Veränderungen der LINZ AG Wasser im Krisenfall, die im Anschluss genauer diskutiert werden.

	Routinesituation	Krisensituation
Strategische Ziele	Versorgungssicherheit, Ertragsoptimierung, Kundenzufriedenheit, Innovation	Schutz der kritischen Infrastruktur, Erhalt der Handlungsfähigkeit
Struktur	Bürokratische Linienorganisation	Stab
Personaleinsatz	Normalarbeitszeit, Einfachbesetzung	Mehrfachbesetzung, §20 AZG „Außergewöhnliche Fälle"
Kommunikation	Kommunikation entlang der Linie	Direkte Kommunikation zwischen den Stäben
		Maßnahmenpläne und Unterstützungsunterlagen
Entscheidungsprozesse	Situationsspezifische Entscheidungsprozesse	Vorstrukturierte Entscheidungsprozesse
Führungsstil	Situationsgerechte Bandbreite - eher demokratisch, Aufgaben- und Mitarbeiterorientiert	Situationsgerecht – eher autoritär[11] und aufgabenorientiert

Tab. 1: Veränderung der Organisation der LINZ AG Wasser im Krisenmanagement

Strategische Ziele: Oberwasser behalten

Die strategische Aufmerksamkeit einer Hochsicherheitsorganisation ändert sich in der Krise. Im Alltag müssen die strategischen Ziele, wie Ertragsoptimierung, Kundenorientierung und Versorgungssicherheit im gleichen Maße beachtet werden. Ist letzteres allerdings gefährdet, wie das in der Krise der Fall ist, treten alle anderen Ziele hinter das primäre Ziel des Schutzes der kritischen Infrastruktur zurück. Die Kernaufgabe in einer Krise ist es, die Handlungsfähigkeit zu erhalten oder wiederherzustellen.

Struktur: militärisch Stab(il)

Die Stabstruktur ist dem Krisen- und Katastrophenschutzmanagement[12] beziehungsweise der Feuerwehr[13] entlehnt. In der LINZ AG Wasser werden die sechs definierten Stabsfunktionen unter drei Stäbe (S2, S3 und S5) subsummiert, welche mit den dazugehörigen Aufgaben in folgender Abbildung darstellt werden (Abbildung 1).

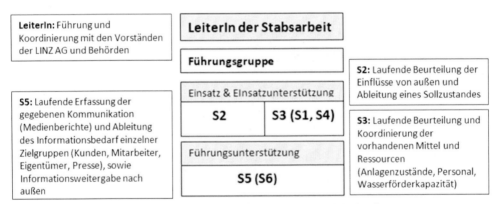

Abb. 1: Staborganisation der LINZ AG Wasser mit Aufgaben[14]

Personaleinsatz: Die Krise erlaubt keine Pause

Eine Mehrfachbesetzung der Funktionen ist im Krisenstab aufgrund der permanenten und unbedingten Handlungsfähigkeit notwendig. Bei der Bestellung der Funktionsträger spielt neben der fachlichen Qualifikation auch die Persönlichkeit im Umgang mit Stress eine vordergründige Rolle.

Kommunikation: Schnell und direkt

Im normalen Betrieb läuft die Kommunikation entlang der Linienorganisation der LINZ AG. Es kann daher sein, dass kritische Information mehrere Ebenen überwinden muss, um von der operativ tätigen Person, die die Information bereitstellt bis zum/-r EntscheidungsträgerIn und wieder zu einer operativ tätigen Person zu kommen. Dies kostet Zeit, die in der Krise nicht zu Verfügung steht. Darüber hinaus nimmt bei jeder Interaktion die Wahrscheinlichkeit von Wahrnehmungs- und Interpretations-verzerrungen zu. Vorbereitete Informationsblätter und die genaue Zuordnung, welcher Stab für welchen Kommunikationsinhalt zuständig ist, vereinfachen den Kommunikationsprozess. Genaues Nachfragen und Sicherstellen eines gemeinsamen Verständnisses sollen darüber hinaus Wahrnehmungs- und Interpretationsverzerrungen entgegenwirken. Das Paraphrasieren von Aufträgen stellt sicher, dass sie im Sinne der Führungskraft verstanden werden. Eine Methode, die in der Regelorganisation oft zu wenig Beachtung findet. Vereinheitlichung und Standardisierung von zentralen Kriterien für die Beurteilung von Szenarien erleichtern die Vorbereitung der Lagevorträge und führen rascher zu qualitativ besseren Entscheidungen.

Maßnahmenpläne und Unterstützungsunterlagen: unverzichtbar

Die Maßnahmenpläne sind ein Handlungsleitfaden für das Erkennen der Krise, den Informationsfluss in der Krise und die umgehende Umsetzung von Sofortmaßnahmen, die aus der Risikoanalyse für die erfassten Szenarien abgeleitet werden. Das heißt, sie werden ex ante überlegt, diskutiert und festgelegt. Vorteil ist die umgehende Umsetzbarkeit von den diensthabenden Personen vor Ort, unabhängig von ihren sonstigen Entscheidungsbefugnissen. Darüber hinaus sind sie für die Krisenstabsleitung eine Entlastung, da sie Stress und Komplexität reduzieren, indem sie einen Teil der Entscheidungsgrundlage vorwegnehmen und sofortiges Handeln ermöglichen.

Nicht zu unterschätzen ist die Bedeutung der ergänzenden Unterlagen wie Telefon- und Mailkontakte, Formulare, Checklisten, Gerätelisten und Personalanwesenheitslisten. Gerade in der Krisenstabsarbeit können diese vorbereiteten Unterlagen dazu beitragen, rasch einen Überblick über die gegebene Situation zu erhalten.

Entscheidungsprozesse: rasche Handlungsfähigkeit

Das Krisenmanagement der LINZ AG Wasser regelt den Entscheidungsprozess, die involvierten Personen und den zeitlichen Rahmen genau, wie folgende Darstellung (Abbildung 2) zeigt.

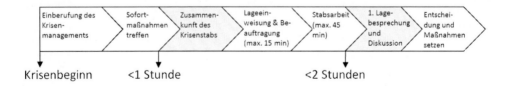

Abb. 2: Entscheidungsprozess der LINZ AG Wasser in der Krise[15]

Diese klaren Vorgaben erleichtern die kurzfristige und rasche Handlungsfähigkeit. Die Vorgehensweise innerhalb der Lagebesprechungen stellt sicher, dass unterschiedliche Perspektiven berücksichtigt werden. Dies ist ein wichtiger Beitrag, um kollektives „sensemaking"[16] und Handlungen zu verschränken und damit Improvisation[17] zu ermöglichen, die notwendig ist, da die Entscheidungen aufgrund von unvollkommener Information getroffen werden müssen.

Führungsstil: autoritär und aufgabenbezogen

Im Alltag ist der Führungsstil in der LINZ AG Wasser situationsbezogen, aber vordergründig kooperativ (nicht autoritär) entlang des Tannenbaum & Schmidt- Kontinuums.[18] Die Krise grenzt den Führungsstil auf autoritäres Verhalten ein. Autoritär in dem Sinn, dass niemand außer dem Stab am Entscheidungsprozess partizipiert.[19] Die Entscheidungen sind schnell und genau auszuführen. Im Alltag wird von den MitarbeiterInnen der Abteilung Wasser erwartet, dass sie nicht nur ausführen, sondern, innerhalb ihres Erfahrungsbereiches, möglichst selbstbestimmt entscheiden sollen[20]. Ein scheinbarer Widerspruch,[21] der in der LINZ AG durch die Parallelität der beiden Organisationsformen aufgelöst wird. Der kooperative Führungsstil des Alltags fördert eine gute Fehlerkultur, die die Sicherheitsoptimierung unterstützt. Es wird geschätzt, wenn die MitarbeiterInnen ihre Expertise einbringen und auch Unangenehmes (z.B.: Fehler, ineffizientes Handeln) ansprechen. In der Krise stellt der Wechsel auf einen autoritären Führungsstil wiederum sicher, dass die Entscheidungen schnellstmöglich und genau umgesetzt werden. Die Erfahrungen im Hochwasser 2013 haben gezeigt, dass dies von den MitarbeiterInnen als sinnvoll gesehen und akzeptiert wird.

Ernstfall Hochwasser 2013

- Konstituierung des Krisenstabs unmittelbar nach Auftreten der Krise.
- Schnelle Rolleneinfindung im Stab
- Rasche Entscheidungsfähigkeit
- Sofortige Handlungsfähigkeit aufgrund von vorhandenen Sofortmaßnahmen (Abgeleitet aus dem Hochwasser 2002)
- Vertrauen und Sicherheitsgefühl der Öffentlichkeit blieb gewährleistet
- Zusammenhalt in der Abteilung war groß: meistern der Krise als gemeinsames Erfolgserlebnis

Lernen anhand von Krisenübung

Das erwartete Verhalten der MitarbeiterInnen in der Krise weicht maßgeblich vom Alltag ab. Damit die Prozesse des Krisenmanagements die Sicherheit erhöhen, muss das Verhalten in der Krise mit den Stabsstrukturen, den zeitlich eingegrenzten Entscheidungsprozessen und den direkten Kommunikationswegen eingeübt werden. Die Krisenübung ist daher ein unverzichtbarer Bestandteil des Krisenmanagements. Die LINZ AG Wasser führt regelmäßig (1-2/Jahr) solche Übungen durch. Dabei werden immer neue Szenarien durchgespielt und im Anschluss gemeinsam reflektiert. Die Risikoanalyse und Maßnahmenentwicklung des Bereichs entwickelt sich mit jeder Übung weiter. Die Auseinandersetzung mit neuen Szenarien erweitert das Risikobewusstsein und die Aufmerksamkeit gegenüber „weak signals",[22] die auf ein solches Szenario verweisen könnten. Die TeilnehmerInnen der Übung können Krisenerfahrungen sammeln, was die Sicherheit im Umgang mit den Krisenstrukturen und Prozessen erhöht.

Durch die gemeinsame Reflexion können die TeilnehmerInnen aus Fehlern lernen, ohne die Belastung von echten Konsequenzen. Fehler können als Chance wahrgenommen werden, was eine gute Fehlerkultur fördert. Es entsteht Raum für fachliche Diskussionen, die über den Erfahrungshorizont des operativen Alltags hinausgehen. Ein gutes Reflexionsklima und das gemeinsame Bewältigen einer Krisenübung wirken sich in der LINZ AG Wasser darüber hinaus verbindend auf die TeilnehmerInnen aus und erhöht die Gruppenkohäsion. Das kontinuierliche Lernen unterstützt die Adaptionsfähigkeit und die Resilienz des Unternehmens.[23] Die in den Übungen geschulten Kompetenzen, wie zum Beispiel das Paraphrasieren, die präzise Analyse und eine übersichtliche Präsentation der wesentlichen und handlungsrelevanten Aspekte von komplexen Situationen, bereichern auch die Routinearbeit (siehe Box[24]).

---

i Vorteile des Krisenmanagements für die Organisation

Nicht nur in der Krise, sondern auch im Alltag hat das Krisenmanagement Vorteile für die Organisation, die von Wolfgang Czerni (Geschäftsführer von Infraprotect) wie folgt auf den Punkt gebracht werden:

„-MitarbeiterInnen und Führungskräfte lernen unter Zeitdruck anhand von vorstrukturierten Denkmustern Komplexität zu erkennen und diese aufs Wesentliche zu reduzieren. Damit können sie im Vergleich qualitativ bessere Entscheidungsgrundlagen aufbereiten.

-Führungs- und Anleitungskompetenzen von Technik und Managementaufgaben werden beiderseits geschärft, da man sich auf eine gemeinsame Sprache einigen muss. Hier besteht der Zwang einander Sachverhalte so aufzubereiten, dass daraus ein gemeinsames Verständnis einer Situation (Common Relevant Operational Picture) und der Bewertung derselben abgeleitet werden kann. Solche Übersetzungsleistungen müssen in der Regel von externen Unternehmensberatungen eingekauft werden!"

Conclusio und Ausblick

Die Anforderungen an die LINZ AG Wasser und das Verhalten ihrer MitarbeiterInnen unterscheiden sich in der Krise maßgeblich von den Aufgaben des Alltags. Der Schutz der kritischen Infrastruktur ist in der Krise nur bedingt mit der Struktur, den Kommunikations- und Entscheidungsprozessen und dem Führungsstil des Alltags möglich. Das Krisenmanagementsystem der LINZ AG

„Durch bewusste Trennung der Aufgaben der […] Regel- und der Krisenorganisation [wird der] […] Bewältigungsprozess bei Krisen durch „Vorausplanung" optimal unterstützt." (Wolgang Czerni, Infraprotect)

Wasser implementiert daher eine zweite Organisationsform. Das Nebeneinander der beiden Organisationsformen ist vorteilhaft, da sie jeweils bestmöglich an die unterschiedlichen strategischen Ziele im Alltag und die Umweltbedingungen in der Krise angepasst sind. Nur durch den Wechsel der Organisationsform kann in der Krise ein zu träges und im Alltag ein ineffizientes[25] Verhalten verhindert werden. Die Diskrepanz der beiden Formen ist demnach unverzichtbar, allerdings muss man beachten, dass die MitarbeiterInnen in der Krise ein möglichst bekanntes Umfeld brauchen, da jede Unsicherheit kontraproduktiv wirkt. Die Organisationsform in der Krise muss daher regelmäßig und ernsthaft geübt werden. Die Erfahrungen in der LINZ AG zeigen, dass die Übungen Sicherheit bieten und darüber hinaus auch ein fachliches und soziales Lernfeld eröffnen.

Literatur

[1] Elsberg, M. 2012. BLACKOUT - Morgen ist es zu spät. s.l.: Blanvalet.

[2] BM.I (Bundesministerium für Inneres). 2015. Österreichisches Programm zum Schutz kritischer Infrastrukturen. Download unter http://archiv.bundeskanzleramt.at/DocView.axd?CobId=58907.

[3] Vgl. unter anderem Ciravegna, L. & Brenes, E.R. 2016. Learning to become a high reliability organization in the food retail business. Journal of business Research 69: 4499-4506. Porte, T.L. & Consolini, P. 1998. Theoretical and operational challenges of „high-reliability organisations": Air-traffic control and aircraft carriers. International Journal of Public Administration 21 (6-8): 847-852.

[4] BM.I (Bundesministerium für Inneres). 2015. Österreichisches Programm zum Schutz kritischer Infrastrukturen. Download unter http://archiv.bundeskanzleramt.at/DocView.axd?CobId=58907.

[5] ÖNORM EN 15975-1. Sicherheit der Trinkwasserversorgung – Leitlinien für das Risiko- und Krisenmanagement Teil 1: Krisenmanagement.

[6] ebenda

[7] Güttel, W.H. 2011. New Austrian School of Management: Wissen, Lernen und Unternehmertum in dynamischen Märkten. Austrian Management Review 1: 17-29.

[8] KatS-DV 100.1981. Katastrophenschutz-Dienstvorschrift. Führung und Einsatz.

[9] Langer, M. 2007. Das Management im Krisenfall. Referat beim Kongress WAT in Bremen am 28.3.2007.

[10] ebenda

[11] Im Sinne des Tannenbaum-Schmidt Kontinuums (1958) ausschließlich verstanden als Einschränkung der Partizipationsmöglichkeiten im Entscheidungsprozess.

[12] BM.I (Bundesministerium für Inneres). 2013. Staatliches Krisen- und Katastrophenschutzmanagement. Rechtliche und Organisatorische Grundlagen. S.75.

[13] FwDV 100. 1999. Feuerwehr-Dienstvorschrift 100. Führung und Leitung im Einsatz.

[14] Eigene Darstellung angelehnt an die allgemeine Staborganisation des BM.I (Bundesministerium für Inneres). 2013. Staatliches Krisen- und Katastrophenschutzmanagement. Rechtliche und Organisatorische Grundlagen, S. 75.

[15] Verändert nach einer Abbildung von Langer, M. 2007. Das Management im Krisenfall. Referat beim Kongress WAT in Bremen am 28.3.2007.

[16] Weick, K.E. 1995. Sensemaking in organisations. Thousand Oaks, CA: Sage.

[17] Weick, K.E. 1993. The collapse of sensemaking in organisations: the Mann Gulch disaster. Administrative Science Quarterly 38 (4), 628-652.

[18] Tannenbaum, R. & Schmidt, W.H. 1958. How to choose a leadership pattern. Harvard Business Review 36: 95-102. bzw. Güttel, W.H. 2013. Effektive Führung: Konzeptionelle Fähigkeiten im Leadership. Austrian Management Review 3: 79-89.

[19] Ausschlaggebend ist nur die Partizipation am Entscheidungsprozess. Andere- oft negativ konnotierte- Verhaltensweisen, die einem autoritären Stil zugeschrieben werden, sind hier ausdrücklich nicht gemeint.

[20] Was auf dem Tannenbaum-Schmidt Kontinuum einem kooperativen Führungsstil entspricht.

[21] Offstein, E.H.; Chory, R.M.; Bichy, D.R. & Kniphuisen, R. 2015. Reliability revisited: Towards an Notion of Command and Control in High Hazard Industries. JIMS 15 (2): 59-72.

[22] Ansoff, H.I. 1975. Managing strategic surprise by respond to weak signals. California Management Review 18 (2): 21-33.

[23] Duchek, S. 2014. Growth in the Face of Crisis: The Role of Organisational Resilience Capabilities. Academy of Management Annual Meeting Proceedings.

[24] Infraprotect ist ein Beratungsunternehmen für umfassende Unternehmenssicherheit mit Schwerpunkt auf Risikomanagement, Krisenmanagement und Corporate Security Management.

[25] Ineffizient deshalb, weil sich die Stabsarbeit ausschließlich auf operative Prozesse reduziert und alle Strategie-, Bürokratie- und Personalführungsthemen ausklammert. Durch die Konzentration aller Führungs- , Kommunikations- und Koordinationsaufgaben auf wenige Personen würde dies darüber hinaus schnell zu Überforderung führen.

Angaben zu den AutorInnen

Mag.[a] Katharina Musil ist als Pädagogin an der Pädagogischen Hochschule der Diözese Linz im Bereich der Weiterbildung beschäftigt. Ihre Forschungsschwerpunkte liegen im Bereich nachhaltiger Fortbildungsformate und der Vorwissenschaftlichen Arbeit.

Dipl.-Ing. Stefan Musil studierte Kulturtechnik & Wasserwirtschaft an der Universität für Bodenkultur in Wien. Nach ein paar Jahren als Projektleiter in Technischen Büros, begann er 2004 in der LINZ AG und ist seit 2011 Abteilungsleiter im Bereich Wasser. Aktuelle Arbeitsschwerpunkte: Adaptierung der Organisation zur Steigerung der Effektivität und Effizienz im kommunalen und im Dienstleistungsgeschäft; Steigerung der Motivation und Produktivität älterer Mitarbeiter für die Aufgabenbewältigung.

Renate Kratochvil
Researcher
am Competence Center für SMEs &
Strategic Change,
FHWien der WKW
renate.kratochvil@fh-wien.ac.at

Wer ständig rudert, sieht den Grund nicht mehr

Zur Entwicklung von strategischem Denken

Führungskräfte mit der Fähigkeit zum strategischen Denken erkennen verborgene Chancen, stellen Zusammenhänge zwischen Ideen, Plänen und Menschen her, welche andere übersehen, und entwickeln zukunftsweisende Strategien. Diese Fähigkeit ist essenziell, um das Steuer am Weg in eine unsichere Zukunft proaktiv zu navigieren, anstatt nur über Wasser zu halten (oder unterzugehen). Doch wie kann strategisches Denken entwickelt werden? Beim Erkennen, Formulieren und Erklären von Problemen – der ersten Phase eines Problemlösungsprozesses – werden ähnliche kognitive Fähigkeiten wie bei strategischem Denken gefordert. Das Erlernen der Fähigkeiten zum Problemformulieren stellt daher ein hilfreiches Instrument dar, um strategisches Denken zu trainieren. Dieser Artikel zielt darauf ab, die Fähigkeit des strategischen Denkens zu präsentieren, das Formulieren von Problemen genauer zu erläutern und dies anhand eines Steuer- und Unternehmensberatungsunternehmens zu illustrieren.

Strategisch denkende Führungskräfte

Individuen tendieren dazu sich vom Operationalen des Tagesgeschäfts vereinnahmen zu lassen (*„Wer ständig rudert ..."*) und oft die strategische Perspektive aus den Augen zu verlieren (*„... sieht den Grund nicht mehr"*). Eine Studie des ‚Institute for Strategic Thinking' (USA) zeigt, dass Führungskräfte – auch wenn eine Stunde frei bleibt – ihre Gedanken zumeist nicht auf Strategisches richten (können).[1]

„Strategisches Denken sollte sich wie ein roter Faden durch den Tag ziehen."

Unter anderem ist dies auch darauf zurückzuführen, dass strategisches Denken nicht via Knopfdruck eingeschaltet werden kann. Darüber hinaus sind strategische Überlegungen ressourcenintensiv, mit komplexen Themen behaftet und lösen bei Einzelnen immer wieder ein Gefühl der Ratlosigkeit aus. Daher ist es wichtig, strategisches Denken (auch im Alltag) zu trainieren und zu entwickeln. Strategisches Denken sollte bei jedem Gedankengang mitschwingen und sich wie ein roter Faden durch den Tag ziehen.

Konkret ist strategisches Denken dynamisch, interaktiv sowie iterativ und umfasst sich ergänzende sowie auch widersprechende Denkmuster: intuitives, kritisches, divergentes, kreatives, konzeptionelles, abstraktes, nichtlineares, weitblickendes, um alle Ecken blickendes, reflektierendes, gegensätzliches, irrationales und resilientes Denken.[2]

Die Organisation als unterstützender Kontext

Ein unterstützender Kontext fördert das Entwickeln und Ausleben von strategischem Denken. Organisationen können Strukturen, Prozesse und Systeme schaffen sowie eine Kultur etablieren, welche einen laufenden strategischen Dialog ermöglichen.

Aus vielen Studien geht allerdings hervor, dass die meisten Organisationen kurzfristiges sowie operatives Denken fördern und strategisches Denken aufgrund von Ressourcenknappheit oder fehlendem Verständnis häufig zu kurz kommt. Strategische Überlegungen werden präferiert an bereits vergangenen Erfolgen festgemacht. Dabei wird gerne übersehen, dass die Organisation (bzw. Organisationseinheit) eine Richtungsänderung bräuchte, da die etablierte Strategie obsolet geworden ist. Außerdem werden des Öfteren externe Unternehmen engagiert, um den Job des strategischen Denkens zu übernehmen, anstatt die Fähigkeit intern zu entwickeln. Organisationen, welche es forcieren, die Fähigkeit des strategischen Denkens in die Organisation zu integrieren, schaffen eine neue Quelle für das Kreieren von Wettbewerbsvorteilen, fördern eine von der Konkurrenz schwer imitierbare Fähigkeit und stärken ihre Veränderungsfähigkeit im Hinblick auf eine *unsichere* Zukunft.[3]

„Organisationen, welche es forcieren, die Fähigkeit des strategischen Denkens in die Organisation zu integrieren, schaffen eine von der Konkurrenz schwer imitierbare Fähigkeit."

Problemformulierung als Angelpunkt der strategisch denkenden Führungskraft

Strategisches Denken ist jedoch nicht nur eine Frage von Ressourcen und förderndem organisationalem Kontext, sondern auch von individuellem „Können". Dieser Artikel zielt darauf ab, dass strategisches Denken nicht nur durch dafür notwendige persönliche Eigenschaften (wie Neugier, Erfahrung, Ausbildung) oder das organisationale Umfeld (wie Unternehmenskultur, Mentoring) begründet ist, sondern sich über strategisch relevante Aktivitäten und explorative Tätigkeiten trainieren lassen kann.

Probleme zu formulieren aktiviert ein ähnliches Bündel an Denkweisen und Fähigkeiten eines Individuums, die auch bei strategischem Denken gefragt sind. Ein Problem zu formulieren bildet die erste Phase eines Problemlösungsprozesses und fokussiert auf die aktive und stetige Erweiterung des „Problemgebiets". Dies erfolgt durch eine inhaltsgetriebene, explorative Suche und ein Abtauchen in die Tiefe von Informationen, um Symptome sowie Ursachen eines Problems zu identifizieren und alternative Erklärungen zu finden.[4] Ein besseres Problemverständnis bildet die Grundlage für den späteren Verlauf des Problemlösungsprozesses – Lösungen finden und implementieren.[5] Erfolgt keine Problemformulierung, würde dies bedeuten, das Unbekannte (eine Lösung) zu dem Unbekannten (dem Problem) zu finden.

Beispiel: Bunt & Bunt erweitert das Problemgebiet

Start-Ups und kleine Unternehmen stehen meistens unter hohem Druck, die Kosten niedrig zu halten, und leisten sich oft keinen Steuerberater mit umfangreichem und innovativem Leistungsangebot. Bunt & Bunt hat sich dieser Problematik angenommen und über einen Zeitraum von mehreren Monaten eine ausführliche Problemformulierung durchgeführt. Auf Basis des ausgeweiteten Problemgebiets wurden unterschiedliche Überlegungen als Problemerklärung angestellt:

– Diese Zielgruppe entspricht nicht unseren Vorstellungen.
– Unser Produktportfolio muss erweitert werden.
– Wir sind in dem Umfeld dieser Zielgruppe nicht vernetzt.
– Die Verkaufsskills unserer Steuerberater müssen ausgebaut werden.
– Unser Produkt passt nicht zu der Zielgruppe.
– …

Chancen und Konsequenzen des Problemformulierens

Ein Problem umfangreich und tiefgründig zu formulieren bedeutet, das Problem an der Wurzel zu packen. Dies zieht oft die Konsequenz mit sich, unangenehme Themen zum Vorschein zu bringen. Während Probleme zumeist negative Emotionen auslösen, hat Albert Einstein sich mit Vorliebe mit Problemen beschäftigt. Er hat Problemgebiete bis ins letzte Detail exploriert, alternative Erklärungen entwickelt und hinter jedem Problem eine große Chance wahrgenommen. Die aus der Theorie entwickelte „Problem-Solving Perspective" baut auf diesem Gedankengang auf und argumentiert, dass es unterschiedliche Wege gibt, um Nutzen für das Unternehmen zu schaffen: Einerseits *Glück* und andererseits *neuartige* Probleme zu formulieren und zu lösen.[6]

Zur Lösung von neuartigen Problemen gibt es noch keine explizite Expertise oder Routine, die eine operationelle Abwicklung einlenken würde, der/die ProblemlöserIn muss sich auf die "Suche" machen und das Problem formulieren. Das Lösen solch neuartiger Probleme hat das Aufdecken von neuen Perspektiven, Entdecken von Chancen, Anregen von interner Entrepreneurship, Schaffen von Wissen und Aufbauen von Fähigkeiten zum strategischen Denken zur Folge.

Problemformulieren bedeutet jedoch nicht, das Problem in Einzelaufgaben zu zerlegen, um diese dann getrennt voneinander abzuarbeiten. Vielmehr ist es essentiell, die Komplexität des Problems sowie die Interaktionen und Zusammenhänge der dahinterliegenden Ursachen zu verstehen und ein holistisches Verständnis von der Situation zu erhalten. Das bedeutet, Abstand zu den Details des Operationalen zu nehmen und Interdependenzen und beispielsweise übergreifende Themen zwischen der Organisation, deren Markt, Branche und lokalen Kontext verstehen.

Folgen und Gründe des falschen Problemformulierens

AutorInnen rufen dazu auf, nicht frühzeitig in die Lösungsfindungsphase zu eilen und auf die richtigen Probleme zu fokussieren.[7] Tendenziell neigen Individuen dazu, (i) Probleme zu simplifizieren, (ii) das Offensichtliche als Problem zu sehen und (iii) rasch zur Lösungsfindung zu schreiten. Als Resultat werden Lösungen gefunden, die das Problem nicht lösen und der Prozess wird angehalten oder startet von vorne. In diesen Fällen wurde die Möglichkeit des Problemgebietserweiterns nicht wahrgenommen und das eigentliche Problem bleibt ungelöst.[8]

Dieses Verhalten wird einerseits durch das Mindset der Umwelt, Branche und Organisation (z. B. Problemlösungskultur, Suchkultur) hervorgerufen. Beispielsweise fördern Unternehmenskulturen häufig Effizienz vor Exploration und damit ist wenig Geduld sowie Zeit vorhanden, um das Problem und die dahinterliegende Komplexität im Detail und als Ganzes zu verstehen. Effiziente Unternehmenskulturen fördern das Simplifizieren von Problemen und darauf folgend das Aufteilen von Problemen in kleine auto-

---

! Was Individuen tun können

Halten Sie sich an den mehrstufigen CSI (Collaborative Structure Inquiry) Prozess.[5] Im Vordergrund steht die stetige Erweiterung des Problemraums („comprehensiveness") und der Prozess unterstützt ProblemlöserInnen beim Formulieren von Problemen und der Vermeidung des Einflusses von kognitiven Biases und Heuristiken sowie frühzeitiger Lösungssuche.

Schritt 1: Wahrgenommene problematische Situation präsentieren, heterogene Teams bilden
Schritt 2: Symptome identifizieren (z. B. sinkender Umsatz, unmotivierte MitarbeiterInnen) und
aktiv das Einbringen von Lösungen stoppen (→ Problembäume aufzeichnen)
Schritt 2: Interdependenzen und Korrelationen zwischen Symptomen finden und diskutieren
Schritt 3: Ursachen der Symptome identifizieren sowie Zusammenhänge herstellen
(z. B. ineffektives Marketing, Fehler in der Produktion, ungeschultes Verkaufspersonal,
attraktives Konkurrenzprodukt, falsche Rekrutierungsstrategie, globale Trends)

nom durchführbare Aufgabe. Dabei verliert die Organisation die Chance darauf, ein Problem zum Lernen zu nutzen, neues Wissen zu generieren und Fähigkeiten zu entwickeln, mit komplexen Situationen umzugehen.[9]

Andererseits fördern Mangel an Zeit und Ressourcen, individuelle Wahrnehmung von Problemen, sogenannte Heuristiken (z.B. mentale Strategien/Abkürzungen oder Faustregeln bei der Entscheidungsfindung) und kognitive Biases (d.h. systematisch fehlerhafte kognitive Verzerrung) dieses Verhalten von ProblemlöserInnen. Beispiele für kognitive Biases sind der Ankereffekt (d.h. Assoziationen zu auf den ersten Blick ähnlich erscheinenden Ereignissen werden hergestellt und als Referenzwert verwendet) oder der Bestätigungsfehler (d.h. Präferenz für Informationen, die den Gedankengang des Problemlösers bestätigen).[10]

Das formulierte Problem als Basis für die Suche und Implementierung von Lösungen

Auf Basis des formulierten Problems wird nach einer Lösung gesucht. Je detaillierter und klarer die Problemformulierung und die mitschwingenden Variablen definiert sind, desto effektiver ist die Lösungssuche, da das Lösungsgebiet bereits abgesteckt ist (z.B. welche Bereiche werden involviert, in welche Richtung geht die Lösung, Neuentwicklung versus Verbesserung).

Beispiel: Bunt & Bunt entscheidet sich für eine Lösung

Bunt & Bunt hat sich für die Problemerklärung „Unser Produkt passt nicht zu der Zielgruppe" entschieden. Darauf aufbauend wurde im weiteren Problemlösungsprozess intern ein Tool entwickelt, welches KlientInnen ermöglicht, über die entsprechende App oder Website Daten und Informationen direkt einzuspielen und wertvolle Vorarbeit zu leisten. Dadurch hat Bunt & Bunt viele Arbeitsschritte der Bearbeitung von Buchhaltung, Lohnverrechnung und Steuerberechnung an KlientInnen abgegeben und die Honorare für KlientInnen konnten gesenkt werden. Hätte Bunt & Bunt sich für eine andere Problemerklärung entschieden, wäre es eventuell nicht gelungen, die neue Zielgruppe für sich zu gewinnen.

Die Phase des Implementierens beinhaltet, dass eine Entscheidung für eine Lösung (aus dem Lösungsgebiet) getroffen wird. Diese Entscheidung wird unter anderem von vorhandenen Ressourcen, strategischen Vorgaben des Unternehmens und potenzieller Umsetzbarkeit beeinflusst. Es wird an einem Plan gearbeitet, um die gefundene Lösung zu implementieren und später zu evaluieren. Diese letzte Phase unterscheidet sich grundlegend von der des Problemformulierens und Lösungsfindens, da sich die Aktivitäten um Ideenkonvergenz, Exekution und Implementierung drehen.

Fazit

Um Organisationen aktiv strategisch zu steuern, benötigt es die Fähigkeit die Leiter der Abstraktion hinauf und hinunter klettern zu können und das große holistische Bild als auch die operationalen Implikationen im Blickfeld zu haben. Wahrscheinlichkeitsrechnungen, Risikoberechnungen, Pläne und Prozesslandkarten geben zwar Klarheit und (täuschen) Sicherheit vor, jedoch kann die Zukunft weder geplant noch vorausgesagt werden. Führungskräfte sollten flexibel im Denken sein, Probleme als Chance für Neues wahrnehmen und dafür gerüstet sein, in stürmischen Zeiten das Steuer unter Kontrolle (anstatt über Wasser) zu halten sowie aktiv das Umfeld wahrzunehmen.

Beispiel: Bunt & Bunt entwickelt strategisches Denken, indem es Probleme formuliert

Die Führungskräfte von Bunt & Bunt haben sich mit der Durchführung dieses ausführlichen Problemlösungsprozesses auf die Welle der Digitalisierung für strategische Überlegungen begeben, Fähigkeiten im Problemformulieren sowie strategischem Denken entwickelt und darüber hinaus intern Kompetenzen im Entwerfen von digitalen Lösungen aufgebaut. Die beteiligten Personen haben einen holistischen Blick über die Trends in der eigenen Branche und deren Interaktion mit den Trends der jeweiligen Branchen der KlientInnen entwickelt (z. B. wie hängen die Erwartungen der Zielgruppe an technische Tools eines Steuerberaters/einer Steuerberaterin mit den hausinternen Digitalisierungsvorhaben (nicht) zusammen).

Darüber hinaus haben sie die Scheu davor verloren, ein Problem an der Wurzel zu packen und kreativ über Problemerklärungen nachzudenken (ohne voreilig Lösungen einzubringen). Sie haben eine Vision entwickelt, die zwar von vielen als unrealistisch oder unbrauchbar eingestuft wird, für Bunt & Bunt allerdings eine zukunftweisende Richtung vorgibt: „Die Steuerberaterin ist die ITlerin der Zukunft", in dem Sinne, dass, zum Beispiel, BeraterIn und KlientIn direkt an den passenden technischen Lösungen zur Vereinfachung der Steuerabrechnung arbeiten können.

Strategisches Denken ist hierfür eine essentielle Fähigkeit. Wer sich intensiv mit neuartigen Problemen auseinandersetzt und diese umfassend exploriert sowie formuliert, kann die eigenen Fähigkeiten im strategischen Denken weiterentwickeln. Die Phase des Problemformulierens dient dazu, unterschiedlichen Perspektiven zu einem Problem zu entwickeln, um folglich ein holistisches Verständnis zu erhalten, Verbindungen zwischen Einflussfaktoren herzustellen und das Problem an der Wurzel zu erkennen. Durch diese iterative Exploration von Problemgebieten können Führungskräfte ihre Fähigkeit in strategischem Denken verbessern, da ähnliche Denkmuster aktiviert und Fähigkeiten gefordert werden. Die Aktivität des Problemformulierens gibt den Führungskräften daher die Gelegenheit, bei sich selbst und dem dahinterstehenden Team bei unternehmensbezogenen und realen Problemen ihrer Organisation die Fähigkeit des strategischen Denkens zu entwickeln. Die Essenz des Formulierens von Problemen zur Stärkung von strategischem Denken wird in diesem Artikel anhand des Unternehmens Bunt & Bunt illustriert.[11]

! Die Essenz von dem Formulieren von Problemen in der Organisation kommunizieren und leben:

– Transparente und offene Kommunikation herstellen → dies motiviert MitarbeiterInnen, sich bereits früh im Problemformulierungsprozess zu engagieren (informelle Kommunikationswege hemmen dies),

– Verantwortungen (z. B. Wer ist ProblemlöserIn?) bereits beim Erkennen des Problems vergeben,

– Bereichsübergreifende Zusammenarbeit und die Zusammenstellung heterogener Teams fördern: unterschiedliche Informationen, Denkweisen und Perspektiven werden integriert,

– Explorieren fördern: Probleme zum Explorieren (z. B. Neues finden, Neues entdecken, experimentieren) anstatt zum Exploitieren (vorhandenes ausschöpfen oder verwerten) nutzen, und/oder

– Learning by doing: Komplexe Probleme benötigen speziell aus sie zugeschnittene Lösungen, jedes Problem stellt daher eine Möglichkeit zum Lernen da → Unternehmenskultur herstellen, welche Lernen priorisiert (anstatt Effizienz und Profitabilität).

Literatur

[1] Weiterführende Informationen in Carucci, R. 2016. Make Strategic Thinking Part of Your Job. Harvard Business Review Online. https://hbr.org/2016/10/make-strategic-thinking-part-of-your-job.

[2] Nähere Ausführungen zu „Strategisches Denken" und „Strategisches Planen" finden sich in Sloan, J. 2017. *Learning to Think Strategically*. New York: Routledge.

[3] Weiterführende Literatur: Christensen, C. M. 1997. Making Strategy : Learning by Doing. Harvard Buisness Review, 75(6): 141–156; Liedtka, J. M. 1998. Strategic thinking: Can it be taught? Long Range Planning, 31(1): 120–129.

[4] Lyles, M. A., & Mitroff, I. I. 1980. Organizational Problem Formulation: An Empirical Study. Administrative Science Quarterly, 25(1): 102–119; Newell, A., & Simon, H. A. 1972. Human Problem Solving. Oxford, England: Prentice-Hall.

[5] Nähere Ausführungen zu „Problemformulierung in Teams" finden sich in Baer, M., Dirks, K. T., & Nickerson, J. A. 2013. Microfoundations of Strategic Problem Formulation. Strategic Management Journal, 34(2): 197–214.

[6] Der „Theoretische Hintergrund" wird genauer beschrieben in Nickerson, J. A., & Zenger, T. R. 2004. A Knowledge-Based Theory of the Firm—The Problem-Solving Perspective. Organization Science, 15(6): 617–632.

[7] Artikel, die auf das Thema „Problemformulierung" aufmerksam machen: Wedell-Wedellsborg, T. 2017. Are you Solving the Right Problems? Harvard Business Review, 95(1): 76–83; Enders, A., König, A., & Barsoux, J.-L. 2016. Stop Jumping to Solutions! MIT Sloan Management Review, 57(4): 63–70; Spradlin, D. 2012. Innovation: Are you Solving the Right Problem? Harvard Business Review, 90(9): 85–93.

[8] Mitroff, I. I., & Silvers, A. 2009 a.a.O.

[9] Weitere Information zu „Strategie im Alltag üben" in Reeves, M., Levin, S., & Ueda, D. 2017. Think Biologically: Messy Management for a Complex World. *BCG Henderson Institute*. https://www.bcg.com/publications/2017/think-biologically-messy-management-for-complex-world.aspx.

[10] Weiterführende Literatur zu Heuristiken und kognitiven Biases in Güttel, W. H. 2016. Was wir wollen sollen: Anspruchsniveaus, Entscheidungsheuristiken und Regelregime. Austrian Management Review, 5: 1–12;

Konlechner, S., & Koprax, I. 2014. Ich sehe was, was Du nicht siehst!? Austrian Management Review, 4: 12–18; Lovallo, D., & Sibony, O. 2010. The Case for Behavioral Strategy. McKinsey Quarterly, 32: 1–16.

[11] Im Rahmen dieses Artikels wurde das Beispiel über Bunt & Bunt vereinfacht und gekürzt dargestellt, der Fall wird ausführlicher in einer Teaching Case Study zum Thema „Bunt & Bunt – Helena Bunt and the Challenge of Formulating a Strategy" von Renate Kratochvil und Christina Schweiger beschrieben. Das Beispiel bezieht sich auf Interviews und Informationen eines in Wien ansässigen Unternehmens. Personen und Firmennamen wurden anonymisiert.

Angaben zur Autorin

MMag.[a] Dr.[in] Renate Kratochvil ist seit 2017 Forscherin am *Competence Center für SMEs & Strategic Change* der FHWien der WKW und Lektorin an der Wirtschaftsuniversität Wien. Ihr Schwerpunkt liegt im Bereich strategischem Denken, strategischen Veränderungen sowie dem Formulieren und Lösen von Problemen. Am Competence Center für SMEs & Strategic Change der FHWien der WKW beschäftigen sich Renate Kratochvil und ihre KollegInnen mit dem von der Stadt Wien/MA23 geförderten Projekt „Wie tickt ihr Unternehmen im Umgang mit Veränderungen" über einen längeren Zeitraum mit Unternehmen im strategischen Wandel. Im Zuge dieses Projekts werden die Veränderungslogik des jeweiligen Unternehmens diagnostiziert sowie darauf aufbauend die strategischen Hebel identifiziert, damit Führungskräfte strategische Veränderungen erfolgreich umsetzen können. In dem Zeitraum 2014 – 2017 hat sich Renate Kratochvil im Rahmen ihres Doktoratstudiums mit dem Thema „Solving Problems and Seizing Opportunities" am Institut für International Business an der Wirtschaftsuniversität Wien (WU) und der Smurfit Business School/University College Dublin (UCD) beschäftigt. Zu diesem Thema hat sie Fallstudien veröffentlicht (z.B. IVEY Publishing), Lehrveranstaltungen und Workshops gehalten, sowie Praktikerbeiträge (z.B. *KMU Magazin*) und wissenschaftliche Publikationen (z.B. *Global Strategy Journal*) verfasst.

Barbara Müller

Assoziierte Universitätsprofessorin
am Institut für Human Resource &
Change Management, Universität Linz
barbara.mueller@jku.at

Sylvia Schweiger

Wissenschaftliche Mitarbeiterin
am Institut für Human Resource &
Change Management, Universität Linz
sylvia.schweiger@jku.at

Führungsbilder, Fallen und HeldInnen

Führungsbilder und die damit verbundenen Erwartungen von und an Führungskräfte

An Führung werden hohe Erwartungen gestellt. Zum einen erwarten Führungskräfte von sich selbst viel, oft zu viel; zum anderen werden diese hohen Erwartungen von außen geprägt. Eindeutige, klare, personenzentrierte und meist auch positiv konnotierte, heldInnenhafte Soll-Bilder, davon was es bedeutet eine gute Führungskraft zu sein, werden kreiert. Diese Bilder spiegeln die Komplexität des Führungsalltags allerdings kaum wider. Die dadurch sehr oft zum Scheitern verurteilten Versuche, sich den idealisierten Soll-Zuständen anzupassen, können gerade bei jungen Führungskräften zu viel Verwirrung, Unsicherheit und Selbstzweifel führen. Aber muss das so sein? Warum passen wir die Soll-Bilder nicht an unser eigenes Ich, unser eigenes Team und unsere eigene Organisation an? Und was braucht es dazu, um das tun zu können?

Hinter den Bildern von Führung stehen Annahmen darüber, was es bedeutet, eine (gute) Führungskraft zu sein. Die Managementforschung bietet unterschiedliche Ansätze, die jeweils unterschiedliche Antworten auf diese Fragen liefern. Ziel dieses Beitrags ist es, vor dem Hintergrund dieser Ansätze und ihren Führungsbildern die Rolle von Führung in einem zunehmend komplexen und dynamischen Umfeld zu diskutieren. Dabei geht es für eine Führungskraft nicht nur darum, das eigene Führungsbild zu reflektieren, sondern auch darum, die vielfältigen Bilder zusammenzutragen und zu einem für das Team bzw. die Organisation stimmigen und maßgeschneiderten Führungsbild zu formen. Dazu bedarf es einer reflexiven Haltung aller Beteiligten. Reflexiv zu sein bedeutet, bereitwillig die eigene Position, die eigenen Bilder, die eigenen Vorstellungen darüber, wie Führung in einem System abzulaufen hat, unter die Lupe zu nehmen und kritisch zu betrachten.[1] Das bedeutet nicht, sich selbst in Frage zu stellen, sondern sich selbst und seinen Mitmenschen Fragen zu stellen und auch offen für divergierende Antworten zu sein ohne deshalb das eigene Bild gleich verwerfen zu müssen. Das erklärte Ziel dieses Beitrags ist es, unsere LeserInnen zu ermuntern, über ihre Führungsbilder nachzudenken und mit diesen Gedanken in Dialog zu treten.

Barbara Müller, Sylvia Schweiger

Ein kleines Gedankenspiel...

Wir möchten Sie zu Beginn dieses Beitrags zu einem kleinen Gedankenspiel anregen: Stellen Sie sich eine gute Führungskraft vor. Wie ist sie? Wer ist sie? Was macht sie aus? Wo ist sie? Was tut sie? Wie agiert sie? Wie reagiert sie? Worauf fokussiert sie? Und nun der Blick nach außen: Sehen Sie sich um: Zu den Führungskräften, die Sie kennen und erleben oder zu jener, die Sie selber sind. Zu jenen, die Länder regieren, zu jenen, die große Konzerne oder kleine Gruppen leiten. Wie passt diese Realität zu Ihrem Bild?

Unser klassisches Führungsbild. Theorie und Realität, Erwartungen und das Selbst.

Wir nehmen an, dass das Ergebnis unseres kleinen Gedankenspiels, zu dem wir Sie angeregt haben, sich mit dem deckt, was wir allgemein in Auseinandersetzung mit dem Thema Führung beobachten können: Es zeigt sich die Tendenz eines eindeutigen, klaren, meist positiv geprägten, idealisierten, oft sogar heldInnenhaften Bildes von Führung. Ein Bild von dem, was eine gute Führungskraft ausmacht. Auch die klassische Management- und Führungsforschung zeichnet ein solch eindeutiges Bild. Schlagworte wie Charisma, Authentizität und Konsistenz, Engagement und Zielstrebigkeit, emotionale und soziale Kompetenz, Überblick und Weitblick finden allgemein großen Zuspruch.[2]

Die Frage, die sich hierbei aber stellt ist jene, welche Erwartungen ein solches Führungsverständnis schürt und wie sich das auf Führungskräfte und ihre Führungsarbeit auswirkt. Wie realistisch lassen sich positive und personenzentrierte theoretische Ansätze auf die Vielfältigkeit der Praxis anwenden? Was löst so ein Bild bei jungen Führungskräften aus, die plötzlich mit all der Komplexität, die Führungssituationen mit sich bringen, konfrontiert sind? In Auseinandersetzung mit diesen Fragen zeigt die kritische Managementforschung Gefahren in Form von Fallen („traps") auf, die von klassischen Führungsansätzen ausgelöst und dem damit verbundenen Führungsverständnis unterstützt werden.[3]

Die „Fallen" der klassischen Führungsansätze

Um mögliche Fallen, in die Führungskräfte tappen können, exemplarisch zu veranschaulichen, führen wir zwei fiktive Beispiele (Anita und Sabine) an.[4]

Beispiel 1: Anita, die alles Kontrollierende scheitert.

Anita ist sehr ehrgeizig und hat bereits in jungen Jahren große Erfolge als Schwimmerin gefeiert. Nach ihrer erfolgreichen Karriere im Schwimmsport absolvierte sie ein betriebswirtschaftliches Studium mit Auszeichnung. Während des Studiums hat sie Praktika in den unterschiedlichsten Unternehmen und Bereichen gemacht. Nach ihrem Abschluss nimmt sie schließlich die Leitungsfunktion des Operations Managements einer renommierten Firma an. Sie ist davon überzeugt, dass sie die Richtige für diese Position ist. Die Probleme sind offensichtlich. Endlich nimmt jemand das Ruder in die Hand und weiß, wie der Hase läuft. Anita kann es kaum erwarten, ihren großen Schatz an Wissen und Erfahrungen, wie Erfolge zustande gebracht werden, in ihrer neuen Organisation anzuwenden.

Im Laufe der Zeit bemerkt Anita, dass ihre gut durchdachten Pläne von ihren MitarbeiterInnen nicht in die Realität umgesetzt werden. Anita hat als Sportlerin gelernt, die Zähne zusammenzubeißen, auch wenn es manchmal schwierig wird. Anita verfolgt mit eiserner Hartnäckigkeit ihre Ziele. Sie ist davon überzeugt, dass sie und ihre MitarbeiterInnen sich nur noch mehr anstrengen müssen, damit schlussendlich die gesteckten Ziele erreicht werden. Sie versucht, noch mehr Druck gegenüber dem Team auszuüben, erntet damit jedoch nur noch mehr Widerstand.

Hubris Trap

Hochmut kommt vor dem Fall

Diese Falle bzw. dieser Trap basiert auf der Annahme, man könne durch richtige Führung jedwede Geschehnisse steuern und kontrollieren. Heldenmythologien werden durch Medien, aber auch Beratungs- und Trainingssettings glorifiziert und von einer Führungskraft zur nächsten getragen und hochgehalten. Von einigen wenigen Erfolgsgeschichten – Stichwort Steve Jobs – leitet man ab, wie erfolgreiches Führen funktioniert. Die Leadership Industrie betont dabei den Stellenwert von professioneller Führung als Allheilmittel für organisationale Konflikte und Misserfolge. Der hubris trap geht allerdings vom Gegenteil aus: Statt dem Lösen großer Probleme führt eine exzessive Selbstüberschätzung der Führungskraft meist zu dysfunktionalen Machtspielen und einer Minderung der Arbeitsfähigkeit von MitarbeiterInnen.

Anita, die bisher in allem was sie angegangen ist, erfolgreich war, wird zunehmend verwirrter. Sie hat bereits während ihrer Zeit als aktive Sportlerin an unterschiedlichen „leadership skill trainings" teilgenommen und in ihrem Studium viel über Führungsfähigkeiten gelernt. Sie hat immer wieder gehört, dass sie gute Führungskompetenzen hat. Sie ist ehrgeizig, übernimmt gerne Verantwortung, kennt ihr Fach und weiß theoretisch genau, wo man ansetzen muss, damit die Prozesse besser werden und versucht, das ihren MitarbeiterInnen entsprechend zu kommunizieren. Warum scheitert Anita trotz ihrer exzellenten Ausbildung und wertvollen Erfahrungen?

Was Anita nicht ahnt, ist, dass sie in etwas getappt ist, das als Hochmut-Falle (hubris trap) beschrieben werden kann (siehe Box). Je mehr Druck sie aufnimmt und dabei ihren Einfluss überschätzt, desto weniger Unterstützung bekommt sie von ihren MitarbeiterInnen. Die Arbeitsfähigkeit ihres Teams leidet und die Ziele werden immer weniger erreicht.

Beispiel 2: Sabine, Everybody's Darling wird wütend.

Sabine begegnet ihren Mitmenschen stets freundlich und respektvoll. Ihr kombiniertes Studium in Kunst und Betriebswirtschaft ermöglichte ihr die Position der Leiterin der Marketingabteilung einer renommierten Firma. Sabine versucht in ihrem Führungsalltag stets auf die Bedürfnisse ihrer MitarbeiterInnen einzugehen, sie zu unterstützen und zu motivieren. Sabine beschreibt sich selbst als optimistisch, authentisch, unterstützend, emotional und sozial kompetent. Die MitarbeiterInnen scheinen Sabine zu vertrauen und grundsätzlich herrscht ein freundliches, entspanntes und positives Arbeitsklima in der Marketingabteilung.

Im Laufe der Zeit bemerkt Sabine, dass ihre MitarbeiterInnen Grenzen überschreiten. Sie nehmen sich zunehmend viel heraus, werden „frecher" und sind stets auf ihren eigenen Vorteil bedacht. Persönliche Umstände werden als Gründe genannt, warum wichtige Deadlines nicht eingehalten werden können. Sabine wird wütend. Sie findet, sie gehe so stark auf ihre MitarbeiterInnen ein und zum Dank erhält sie respektloses Verhalten. „Reiche ihnen einen Finger und sie greifen nach der ganzen Hand" denkt sie sich. Sabine versucht positiv zu bleiben. Ihr Motto lautet „Es gibt keine Probleme, es gibt nur Herausforderungen". Sie fasst sich ein Herz und versucht weiterhin, jeden einzelnen ihrer MitarbeiterInnen zu verstehen und sensibel auf sie zu reagieren.

Trotzdem wird Sabine zunehmend unsicher. Sie hat so viel über Motivationstheorien gelesen, ist überzeugt davon, dass eine gute Führungskraft, wenn sie nur gut genug auf jede/n einzelne/n ihrer MitarbeiterInnen eingeht, ihr Verhalten und damit schlussendlich ihre Leistung im Sinne der Unternehmensziele beeinflussen kann. Sie kann nicht verstehen, warum ihr Ansatz nicht fruchtet.

Was Sabine nicht ahnt, ist, dass sie in eine Psychopolitik-Falle (psychopolitics trap) getappt ist (siehe Box). Je mehr sie auf die Bedürfnisse und Gefühle ihrer MitarbeiterInnen eingeht, desto mehr werden ihre MitarbeiterInnen diese auch in den Vordergrund stellen. Die Arbeitsfähigkeit ihres Teams leidet und die Ziele werden immer weniger erreicht.

Psychopolitics Trap

Wenn die Partys und Psychotherapien unter KollegInnen überhand nehmen

Diese Falle bzw. dieser Trap basiert auf der Annahme, eine gute Führungskraft müsse stets auf die Bedürfnisse und Gefühle ihrer MitarbeiterInnen eingehen. Positives Feedback wird dabei zur Priorität. Dieser starke Fokus auf Menschen, ihre Bedürfnisse, ihre Gefühle und ihre Beziehungen ist nicht unproblematisch, da dies zu einer narzisstischen Organisationskultur führen kann, in der sowohl Führungskräfte als auch MitarbeiterInnen von kontinuierlichen Bestätigungen anderer abhängig sind. Dabei wird übersehen, dass die Interessen der MitarbeiterInnen manchmal in Konflikt zu den Interessen der Organisation stehen können. Wenn mehr Bezug darauf genommen wird, wie sich MitarbeiterInnen fühlen, als darauf, was sie leisten, kann dies zu großen organisationalen Problemen führen.

Zu hohe Ansprüche und eindeutige Bilder schüren Unsicherheit und Konflikte

Führungskräfte, vor allem junge Nachwuchsführungskräfte, sind laufend mit solchen Situationen konfrontiert. Sie sind in der Verantwortung, Teams oder ganze Unternehmen zu leiten, befinden sich in machtvollen Positionen, sollen ihre MitarbeiterInnen motivieren und gleichzeitig Unternehmensziele erreichen. Solche Situationen sind komplex, mehrdeutig, dynamisch, konfliktbehaftet und damit unsicher. Die Erwartungen, die an Führung gestellt werden, sind da meist klarer: Gute Führung ist die Lösung für so ziemlich jedes Problem. Eine gute Führungskraft zu sein ist vor allem mit hohen

Ansprüchen und meist sehr eindeutigen Bildern darüber, was richtig und falsch ist, verbunden. Daraus können sich nicht zu unterschätzende Gefahren ergeben. Konflikte oder Unsicherheiten dürfen nicht angesprochen werden – schließlich sollte eine gute Führungskraft alles im Griff haben, konsistent handeln und authentisch sein.

„Man hüte uns vor dem genialen Manager."
(Peter F. Drucker)

Das Führungsverständnis hinter den Bildern

Hinter den Bildern von Führung stehen Annahmen darüber, was es bedeutet, eine Führungskraft zu sein, was eine gute Führungskraft ausmacht, was sie tut, worauf sie fokussiert, wie sie agiert und reagiert. Die Managementforschung bietet verschiedene Perspektiven, die jeweils unterschiedliche Antworten auf diese Fragen liefern. Auf drei davon möchten wir in Folge genauer schauen: klassisch-funktionalistisch, sozialpsychologisch-humanistisch und system(theoretisch)isch-konstruktivistisch.[5] Diesen Ansätzen liegen unterschiedliche Grundannahmen über die Welt, Organisationen und ihre Mitglieder zugrunde. Tabelle 1 illustriert die unterschiedlichen Grundannahmen zum Verständnis von Führung.

Funktionalistische Managementansätze – Klassiker der Managementlehre – basieren auf einem naturwissenschaftlich-positivistischen Weltbild von Objektivität, einem mechanistischen Bild von Organisationen, in denen rational handelnde Personen agieren. Das Bild von Organisationen als zweckrationale Maschine ist aus unterschiedlichen Gründen nach wie vor verbreitet. Es suggeriert Klarheit und Beherrschbarkeit und kommt den Machtansprüchen von Führungskräften daher entgegen. Es entlastet auch MitarbeiterInnen von der persönlichen Verantwortung. Vor dem Hintergrund der Annahme, dass organisationale Geschehnisse geplant und gesteuert werden können, ist es Aufgabe einer guten Führungskraft, entsprechende Anweisungen zu geben, zu kontrollieren und zu regulieren (direktives Verhalten). Eine gute Führungskraft hat die richtigen Führungskompetenzen und kann guten Überblick behalten, um in den richtigen Momenten die richtigen Entscheidungen treffen zu können. Der Fokus auf Führung aus dieser Perspektive ist sehr zentriert auf die Führungskraft als Einzelperson und den Einsatz ihrer Kompetenzen.[6]

Der aus der Sozialpsychologie stammende und von der Human Relations Bewegung geprägte humanistische Ansatz basiert auf der Annahme, dass alle Menschen grundsätzlich lern- und veränderungsfähig und daher motivierbar sind. Führung ist ein Beeinflussungsprozess. Die Aufgabe einer guten Führungskraft liegt darin, auf ihre MitarbeiterInnen einzugehen, sie positiv zu bestärken und sie dahingehend zu beeinflussen, dass sie motiviert und engagiert ihre Aufgaben erfüllen. Der dahinterliegende psychologische Fokus zielt darauf ab, individuelles Verhalten zu verstehen und über die Analyse von leader-follower Beziehungen entsprechend zu beeinflussen.[7]

Management-ansätze	Führung...	Eine gute Führungskraft...	Führungskräfteentwicklung fokussiert auf ...
Klassisch-funktionalistisch	steuert einzelne MitarbeiterInnen (eigenschafts-orientiert)	gibt Anweisungen, kontrolliert und reguliert, behält den Überblick, um in den richtigen Momenten die richtigen Entscheidungen treffen zu können (direktives Verhalten)	Durchsetzungsfähigkeit der Führungskraft durch Schulungen / Trainings von Führungskompetenzen
Sozial-psychologisch	beeinflusst einzelne MitarbeiterInnen (beziehungs-orientiert)	versucht die Bedürfnisse ihrer MitarbeiterInnen zu verstehen und darauf einzugehen, um zum Verfolgen organisationaler Ziele zu motivieren (interpersonale Beeinflussung)	Fähigkeit einzelne MitarbeiterInnen zu motivieren; Wissen über Quellen der Einflussnahme
Systemisch-konstruktivistisch	beobachtet und irritiert komplexe soziale Systeme (gruppen- / systemorientiert)	ist eine „Künstlerin der Intervention"[8] und versucht kollektive Interaktionsmuster und gemeinsam konstruierte Sinnstrukturen zu analysieren und auf deren Basis den Kontext so zu gestalten, dass MitarbeiterInnen gut zusammenarbeiten können (setzt bei kollektiven Mustern an)	Fähigkeit Gruppen und deren Dynamik zu analysieren, reflexive Haltung, Konfliktmanagement, proaktiver und konstruktiver Umgang mit Widersprüchen & Paradoxien

Tab. 1: Führungsverständnis von drei Managementansätzen

Diese Grundannahmen dieser beiden Ansätze lassen sich hinter den Beispielen von A-nita und Sabine erkennen. Die Vorstellung der Steuerbarkeit von Führungssituationen und die Erwartung, als Führungskraft alles im Griff zu haben und vor allem haben zu müssen, entsprechen allerdings kaum der Realität von Führungsalltagen. Genauso wenig hält die Annahme, dass das Wohl der Einzelnen (MitarbeiterInnen und ihre Ziele) in Summe das Wohl des Gesamten (das Erreichen der organisationalen Ziele) ergibt.

Hinsichtlich der Führungsbilder prägen sowohl der klassisch-funktionalistische als auch der sozialpsychologisch-humanistische Ansatz die Entwicklung von eindeutigen Idealzuständen. Übernimmt man unreflektiert diese Idealbilder einer guten Führungskraft, begibt man sich zwangsweise in ein Hamsterrad des ständigen Versuchs, einen unrealistischen Idealzustand zu erreichen.[9]

Der in der Organisationssoziologie begründete systemisch-konstruktivistische Ansatz[10] steht diesen idealisierten Bildern mit damit verbundenen „Allmachts-Phantasien" von Führungskräften und „Heile-Welt-Erwartungen" an sie konträr gegenüber.[11] Er basiert auf der „generellen Annahme, dass wir die Welt, in der wir leben, durch unser Zusammenleben konstruieren. Wirklichkeit ist damit eine soziale Konstruktion, bestimmt von einem gemeinsamen Bezugsrahmen (gemeinsam geteilte Werte und Normen), der Orientierung im Zusammenleben bietet".[12] Organisationen als komplexe soziale Systeme funktionieren nach eigenen Mustern. Nichts aus der Umwelt kommt direkt in ein System hinein, sondern wird nach diesen „eigensinnigen" Mustern des Systems verarbeitet.

Werden Organisationen als komplexe soziale Systeme betrachtet, dann bedeutet das auch, dass sich Führungskräfte, MitarbeiterInnen, Vorgesetzte, KollegInnen in einem Kontext wechselseitiger Abhängigkeiten befinden und somit die Eingriffsmöglichkeiten von Führungskräften eingeschränkt sind. „Der Wegfall der Allmacht und ihre Ersetzung durch einen Kontext wechselseitiger Abhängigkeit ist nicht nur befreiend, sondern auch illusionsraubend und vielleicht sogar kränkend".[13] Es gibt keine Gewissheit, ob oder wie wirksam Beeinflussungsversuche ausfallen. Umso wichtiger ist es, dass Führungskräfte das System beobachten, versuchen ihre Muster bestmöglich zu interpretieren und an diesen Mustern die für das System wirksamsten Interventionen auszurichten.[14]

„Wir vergessen oft Führung in dem sozialen Zusammenhang wahrzunehmen, in dem sie stattfindet." (Grubendorfer C./Schmitz, H., Ein neuer Blick auf Führung)

Dies bedeutet, dass Führungskräfte eine große Verantwortung tragen, während sie sich nie sicher sein können, dass ihre Interventionen wirksam sind. Wirkung wird dann nachhaltig erzielt, wenn sich „die handlungs- und entscheidungsleitenden Strukturen – d.h. Erwartungen – wandeln".[15]

Reflexive Führung: Einen komplexen Blick entwickeln

Doch wie können sich gemeinsam konstruierte Erwartungen ändern? Ohne Wandel bzw. Wirksamkeit von Interventionen garantieren zu können, gilt es in einem ersten Schritt das eigene System – die eigene Abteilung bzw. das eigene Team – genauer unter die Lupe zu nehmen. Dabei reicht es nicht, über bestimmte Situationen nachzudenken, sprich zu reflektieren. Stattdessen bedarf es mehr: es bedarf dem Einnehmen einer reflexiven Haltung.[16]

Eine reflexive Haltung einzunehmen bedeutet, einen kritischen Blick auf sein eigenes Denken und Handeln zu richten, ei-

„Nur wenige Führungskräfte sehen ein, dass sie letztlich nur eine einzige Person führen können und auch müssen. Diese Person sind sie selbst." (Peter F. Drucker)

nen Perspektivenwechsel zu wagen, Dinge aus einem anderen Blickwinkel zu betrachten, seinen Annahmen Gegenannahmen gegenüber zu stellen und darüber nachzudenken, ob alternatives Denken bzw. Handeln sinnvoll ist.[17] Bescheiden und geduldig, aber auch voller Staunen über die Vielfältigkeit eines Führungsalltags, versucht eine reflexive Führungskraft, das System, das sie und ihre Mitmenschen im alltäglichen Tun erschaffen und weiterentwickeln, zu beobachten. Selbstreflexion, kritisches Denken und Analysefähigkeiten sind dabei ebenso essentiell wie die Entwicklung eines gefestigten Selbstverständnisses.[18]

Reflexive Führung

Sich selbst Fragen stellen:

- Wer bin ich als Führungskraft?
- Welche Erwartungen stelle ich an mich selbst?
- Warum möchte ich so eine Führungskraft sein?
- Welche Vor- bzw. Nachteile ergeben sich daraus, wenn ich diese Erwartungen erfüllen würde?
- Welche Führungskraft, denke ich, erwarten sich meine MitarbeiterInnen, KollegInnen und Vorgesetzten?
- Sind diese Erwartungen konsistent oder zeigen sich Widersprüche?
- Wie gehe ich mit diesen Widersprüchen um? Wie möchte ich mit diesen Widersprüchen umgehen?

In Dialog treten:

- Welche Erwartungen an Führung gibt es?
- Können bzw. wollen wir gegenseitig unsere Erwartungen erfüllen?
- Welche Vor- bzw. Nachteile ergeben sich daraus für die Organisation, wenn wir die Erwartungen tatsächlich erfüllen?
- Wie gehen wir damit um, wenn wir an uns gestellte Erwartungen nicht erfüllen können bzw. wollen?
- Wie können wir konstruktiv damit umgehen, wenn sich Erwartungen konträr gegenüberstehen?

Den Fokus auf die Entwicklung eines eigenen Führungsverständnisses zu legen, erleichtert es, sich von Ideologien, die einfache Lösungen bieten, zu verabschieden und mindert das Risiko, in Fallen wie dem „hubris trap" oder „psychopolitics trap" zu tappen. Anstatt Führungsphantasien nachzueifern, versucht eine Führungskraft eine realistischere und differenziertere Perspektive auf sich selbst, ihre Leistungen, ihr Team und dessen Leistungen einzunehmen und damit Führung im sozialen Zusammenhang wahrzunehmen.[19]

Führung als kontinuierliche Arbeit am System und an sich selbst

Um an den gemeinsamen Erwartungen ansetzen zu können, gilt es die vielfältigen Bilder zusammenzutragen und daraus ein für das Team bzw. die Organisation stimmiges und maßgeschneidertes Führungsbild zu konstruieren. Nach dem Motto „Let's talk about our pictures" unterstützt eine reflexive Führungskraft das Veranschaulichen und Vergegenwärtigen unterschiedlicher Bilder. Damit können bestehende Kommunikationsmuster sichtbar gemacht werden und sich unterschiedliche Bilder und damit Erwartungen an Führung aneinander angleichen. „We have preached the significance of having an alignment of meanings of leadership. (...) So clarification of understandings and working towards a common understanding are vital".[20] Dabei kann es vorkommen, dass sich Erwartungen konträr gegenüberstehen. Die Kompetenz proaktiv und konstruktiv mit Konflikten, Widersprüchen, Komplexität und Paradoxien umzugehen, ist demnach zentral.[21] Hat eine Gruppe ein gemeinsames Führungsverständnis etabliert, ist es aber auch wichtig, dieses von Zeit zu Zeit kritisch zu betrachten. Da sich Dinge fortlaufend ändern, kann ein gemeinsames Führungsverständnis von gestern bereits heute nicht mehr stimmig sein.

Führung ist nicht die Leistung einzelner HeldInnen. Führung wird im System wirksam. Den Blick auf dieses System, die Organisation, das Team zu richten und dabei stets offen für divergente Perspektiven zu sein, ist Aufgabe einer Führungskraft. Diese Offenheit bedeutet nicht, seine eigenen Vorstellungen zu verwerfen. Im Gegenteil: es gilt, auf ihnen aufzubauen und sie weiterzuentwickeln. Damit einher geht die Verantwortung als Führungskraft, ihr eigenes Selbstverständnis als Führungskraft kontinuierlich weiterzuentwickeln, sprich sich immer stärker damit zu identifizieren, eine Führungskraft zu sein.[22] Kurzum: Anstatt sich selbst in Frage zu stellen, gilt es, sich selbst und den Mitmenschen Fragen zu stellen, um schlussendlich zu einer differenzierteren und aufschlussreicheren Perspektive auf sich selbst, seine eigenen Leistungen, das Team und dessen Leistungen zu gelangen.

Literatur

[1] Vgl. dazu Alvesson, M., Blom, M., & Sveningsson, S., 2016. Reflexive Leadership: Organising in an imperfect world. Sage: London.

[2] Damit verbunden ist ein heroisches Bild von Führung (siehe dazu auch Mats Alvesson und Kollegen zur „Hero Metaphor of Leadership" in Reflexive Leadership). Die Management-Denker und Systemtheoretiker Dirk Baecker und Fritz B. Simon haben das Konzept des „postheroischen Managements" wesentlich geprägt; siehe dazu Baecker, D., 2015. Postheroische Führung. Vom Rechnen mit Komplexität. Springer.

[3] Vgl. dazu Alvesson, M. et al., 2016.

[4] Die zwei Beispiele sind—mit dem Ziel praktische Erfahrungen mit Führungskräften pointiert zusammenzufassen—frei von uns erfunden.

[5] Für ein ähnliches Vorgehen zur Reflexion unseres Hierarchie- und Wandelverständnisses vgl. Hasenzagl, R., 2012. Zur Bedeutung von Hierarchie in Unternehmen. Austrian Management Review 2: 24-31 und Hasenzagl, R. & Müller, B., 2013. Der Wandel im Wandel. Austrian Management Review 3: 12-19.

[6] Vgl. dazu bspw. Frech, M., Schmidt, A. & Heimerl-Wagner, P., 1999. Management – drei klassische Konzepte und ihre Befunde. In: Management. D.v.Eckardstein, H. Kasper, W. Mayrhofer (Hrsg.) Schäffer-Poeschel. Hasenzagl, R. & Müller, B., 2013.

[7] Vgl. Frech et al., 1999. Hasenzagl, R., 2012.

[8] Mayrhofer, W. 1999. Manager tun nichts, sie reden nur!? Zur Bedeutung (zukünftiger) Manager aus systemtheoretisch-konstruktivistischer Perspektive. In: Management. D.v.Eckardstein, H. Kasper, W. Mayrhofer (Hrsg.) Schäffer-Poeschel.

[9] Vgl. dazu bspw. Wimmer, R. 1989. Die Steuerung komplexer Organisationen. Ein Reformulierungsversuch der Führungsproblematik aus systemischer Sicht. Springer. Baecker, D., 2014, Organisation und Störung. Suhrkamp.

[10] Geprägt von der neueren Systemtheorie nach Niklas Luhmann 1984: Soziale Systeme. Suhrkamp. Simon, F.B., 2018. Einführung in die systemische Organisationstheorie, 6. Auflage. Carl-Auer.

[11] Vgl. dazu bspw. Kasper, H., Mayrhofer, W. & Meyer, M., 1998: Managerhandeln nach der systemisch-konstruktivistischen Wende. Die Betriebswirtschaft 58: 603-621.

[12] Müller, B., 2017. Theorie für die Praxis. Die Rolle von Grundannahmen in Managementforschung und -praxis. Austrian Management Review 7: 58.

[13] Mayrhofer, W., 1999: 266.

[14] Zur Wirkung von Interventionen vgl. bspw. Hasenzagl, R. & Müller, B., 2014. Klarheit bitte! Was hinter dem schillernden Begriff Coaching steckt und warum Haltung wichtig ist. Austrian Management Review 4(1): 30-36.

[15] Mayrhofer, W., 1999: 269.

[16] Vgl. dazu Alvesson, M. et al., 2016.

[17] Vgl. Bourdieu, P., 1992. An Invitation to Reflexive Sociology. University of Chicago Press.

[18] Vgl. Schön, D., 1983. The Reflective Practitioner. Basic Books.

[19] Vgl. dazu Alvesson, M. et al., 2016

[20] Alvesson, M. et al., 2016: 214

[21] Vgl. dazu Link, K. 2016. Paradoxe Führung. Zeitschrift für Führung + Organisation (zfo): 342-347. Müller, B., 2016. Das Problem mit der Komplexität. Austrian Management Review 6: 9-11. Schweiger, S., 2017. We are one, but we are not the same. Warum es in Gruppenarbeiten wichtig ist, Einheit und Gleichheit voneinander zu unterscheiden. Austrian Management Review 7: 112-115.

[22] Mit der Entwicklung eines „gefestigten Selbstverständnisses" als Führungskraft beschäftigt sich vor allem aktuelle Forschung zum Thema „Führungsidentität"; vgl. dazu bspw. Schweiger, S., Müller, B. & Güttel, W., 2017. From Leadership Training to Leader Identity Development. JKU working paper.

Angaben zu den Autorinnen

Assoz. Univ.-Prof.[in] Dr.[in] Barbara Müller ist assoziierte Universitätsprofessorin am Institute of Human Resource & Change Management an der JKU Linz. Ihre Forschungsschwerpunkte liegen in den Bereichen Change Management, Führung und HRM sowie Lernen in und von Organisationen. Sie beschäftigt sich vor allem mit der Frage, wie Unternehmen verändert und lernfähig organisiert werden können.

Mag.[a] Sylvia Schweiger, MSc. ist Universitätsassistentin am Institute of Human Resource & Change Management an der JKU Linz. Ihre Forschungsschwerpunkte liegen in den Bereichen organisationales Lernen und organisationaler Wandel mit einem speziellen Fokus auf Führung, Gruppendynamik und Identität sowie organisationale Spannungen und deren zugrunde liegenden Feedbackmechanismen.

Karin Link

Wissenschaftliche Mitarbeiterin
am Institut für Management und
Leadership Development,
Fachhochschule Wiener Neustadt
karin.link@fhwn.ac.at

Gina Falkner

Wissenschaftliche Mitarbeiterin
am Institut für Management und
Leadership Development,
Fachhochschule Wiener Neustadt
gina.falkner@fhwn.ac.at

Führung – was macht Sinn?

Wie Führungskräfte Sinnerleben ermöglichen können

Folgt man der aktuellen Diskussion rund um das Thema Führung, so scheint die Frage nach dem Sinn wieder an Bedeutung zu gewinnen. Nicht so sehr der Sinn, den Führungskräfte für sich selbst finden können oder sollen, steht im Vordergrund, sondern vielmehr die These, dass Mitarbeiterinnen und Mitarbeiter, die ihre Arbeit als sinnvoll empfinden, auch motivierter und leistungsbereiter sind. Sinn zu geben bzw. Sinn zu stiften wird daher zu einer wichtigen Führungsaufgabe. Doch ganz so einfach, wie uns manche Arbeiten glauben machen, ist das nicht. Dieser Beitrag wirft daher einen Blick in die Führungsliteratur und anverwandte Disziplinen, um der Antwort auf die Frage, wie Führungskräfte Sinn vermitteln können, einen Schritt näher zu kommen. Es zeigt sich, dass wir eine Richtungsänderung brauchen: vom Sinn-Geben zum Sinnerleben-Ermöglichen.

Was ist Sinn? Was ist sinnvolle Arbeit?

Der Begriff Sinn hat unterschiedliche Bedeutungen, wobei sich Sinn auf die Fähigkeit zur Wahrnehmung (Sinnesorgane), auf das Gefühl oder Verständnis für etwas oder jemanden, auf die Denkungsart, auf die Bedeutung und auf den Zweck oder Wert, der einer Sache beigemessen wird, beziehen kann.[1] Wenn jemand eine bestimmte Situation verstehen will, dann sucht er nach den Gründen einzelner Wahrnehmungen – er versucht, ihren Sinn zu erfassen bzw. hinter etwas zu kommen.[2] Sinn entsteht daher aus der Bedeutung, die eine bestimmte Person in einer bestimmten Situation einer Sache, Handlung oder einem Ereignis beilegt. Sinn ist daher subjektiv.[3]

Sinn kann definiert werden als: Eine Bedeutung oder Bewertung, die wir bei einer Tätigkeit, einem Geschehen oder einem Ereignis wahrnehmen oder erleben, die wir herstellen oder dem Geschehen/der Tätigkeit geben. Eine Sinnerfahrung besteht also aus einer Kognition (Bewertung) und einem zugehörigen Gefühl. Sinnerfahrungen sind aber sehr individuell, d.h. was für einen Menschen sinnvoll ist, kann für den anderen sinnlos sein.[4]

Nach Viktor Frankl ist das **Streben nach Sinn** etwas zutiefst Menschliches. „Die Struktur menschlichen Daseins bringt es mit sich", so schreibt Frankl (2015: 35), „dass der Mensch eigentlich oder zumindest ursprünglich über sich selbst hinaus nach etwas langt, das nicht wieder er selbst ist, nämlich entweder nach einem Sinn, den zu erfüllen es gilt, oder nach anderem menschlichen Sein, dem zu begegnen und das zu lieben es gilt." Damit „transzendiert sich der Mensch in die Welt hinein, auf den Sinn hin (...)."[5] Sinn ist damit etwas, das außerhalb des Menschen liegt, etwas auf das hin dessen Streben, seine Motivation, sein Wille, sein Handeln gerichtet sind.

> **Viktor E. Frankl 1905-1997**
>
> Viktor Frankl war ein österreichischer Psychiater und Neurologe, der nach Freud und Adler die dritte Wiener psychotherapeutische Schule mit der Logotherapie und Existenzanalyse gründete. Diese betont die Ganzheit des Menschen und sein ureigenes Streben: Den Willen zum Sinn! Frankls Motivationsansatz lässt sich heute noch im Management umsetzen.

Was **sinnvolle Arbeit** (meaningful work) ist, wird je nach Forschungsperspektive unterschiedlich beantwortet. In der deutschsprachigen Diskussion gibt es zwei unterschiedliche Diskurse: jenen über den „Sinn der Arbeit" und jenen über den „Sinn in der Arbeit". Die Wichtigkeit der Arbeit für das Leben wird unter dem *Sinn der Arbeit* diskutiert. Bauer (2015: 16)[6] interpretiert den Sinn der Arbeit als Resonanzerfahrung, nämlich als Resonanz mit sich selbst, mit anderen und mit der Welt: „Wo uns das, was wir durch Arbeit zuwege gebracht haben, gefällt und Freude macht, wo wir uns in dem, was wir tun, in unserer Identität wiedererkennen und wo wir für das von uns Geleistete die Anerkennung und Wertschätzung anderer gewinnen, dort wird Arbeit zu einer Resonanzerfahrung". Die Diskussion über den *Sinn in der Arbeit* widmet sich der Frage, was im konkreten Arbeitsvollzug als sinnvolle Arbeit erlebt wird. Dabei stehen Fragen des gelingenden Bezuges zur Arbeit und der Einbettung von Arbeit in den eigenen Werte- und Lebenszusammenhang im Fokus. Sinnvolle Arbeit bezieht sich danach auf das Zusammenspiel bestimmter Rahmenbedingungen der Arbeit und des subjektiven Gefühls der Passung. [7]

Sinn stiften als Führungsaufgabe

Sinnstiftend tätig zu sein wird in der aktuellen wissenschaftlichen Diskussion als zentrale Führungsaufgabe diskutiert. Exemplarisch seien einige prominente Ansätze herausgegriffen, die die Bedeutsamkeit dieses Themas widerspiegeln: *Transformationale Führung* argumentiert, dass transformierende Verhaltensweisen von Führungskräften Mitarbeiterinnen und Mitarbeiter zu mehr Leistung inspirieren können, wenn diese vornehmlich auf die Werteveränderung und Sinnvermittlung abzielen. Damit gelingt es, dass die Teammitglieder ihre Eigeninteressen überschreiten (transcend) und intrinsisch motiviert zur Erreichung organisationaler Ziele beitragen.[8] Der *Leader-Member-Exchange (LMX)-Ansatz* fokussiert auf die Führende-Geführten-Beziehung. Eine bessere Beziehung zwischen Vorgesetztem und Untergebenen steigert die Arbeitsleistung, weil Führungskräfte den Mitarbeiterinnen und Mitarbeitern die Bedeutung (meaningfulness) ihrer Arbeit zur Erfüllung der gesamtorganisationalen Aufgabe besser vermitteln können.[9] *Paradoxe Führung* befasst sich mit der Frage, wie Führungskräfte erfolgreich mit vielschichtigen, teils widersprüchlichen Anforderungen umgehen und eine Sowohl-als-auch-Perspektive in der Organisation verankern. Sinnstiftende Verhaltensweisen von Führungskräften (sensegiving)[10] gelten dabei als zentral, um die Teammitglieder den Sinn von Wandelprozessen erkennen zu lassen und sie zu einem proaktiven Umgang mit Spannungsfeldern zu führen. *Positive Leadership* ist ein Ansatz aus der Positiven Psychologie mit dem Ziel, positive Abweichungen in Form von Spitzenleistungen hervorzubringen. Die Arbeit mit Sinn zu verbinden ist dabei eine der vier Schlüsselstrategien.[11]

> *„Sinn muss gefunden, kann aber nicht erzeugt werden. Was sich erzeugen lässt, ist entweder subjektiver Sinn, ein bloßes Sinngefühl oder – Unsinn."*
>
> Viktor Frankl (2015: 155)

Es macht also durchaus Sinn, sich als Führungskraft mit dem Thema Sinn am Arbeitsplatz auseinander zu setzen. Ganz allgemein sind es „Sinn und Werte, die einen Menschen zu seinem Verhalten und Handeln bewegen".[12] Im Gegensatz zu Trieben (die einen Menschen treiben), ziehen Sinn und Werte einen Menschen zu etwas hin. Sie liefern dem Menschen Beweggründe und Motive, Dinge zu tun oder zu unterlassen. Als Konsequenz bedeutet das für Organisationen bzw. Unternehmen, dass Mitarbeiter und Mitarbeiterinnen, die ihre Arbeit als sinnvoll erleben, motivierter und leistungsbereiter sind.[13] Aus einer eher individuellen Perspektive heraus sind Personen, die ihre Arbeit und ihr Leben als sinnerfüllt empfinden, zufriedener, emotional stabiler und auch gesünder.[14] Umgekehrt gilt, dass wer seine Arbeit als sinnlos erlebt, für den ist der Zustand frustrierend, erschöpfend sowie belastend und kann schlussendlich zu Burnout führen. Nicht vergessen sollte man hierbei jedoch, dass eine sehr hohe Sinnerfüllung im Beruf die Wahrscheinlichkeit für Burnout auch erhöhen kann, da es für die Betroffenen oft schwierig ist, Grenzen zu ziehen.[15]

Vom Sinnstiften zum Sinnerleben ermöglichen

Wenn Sinn dem Menschen Beweggründe (also Gründe, sich in eine bestimmte Richtung zu bewegen) liefert, stellt sich für Führungskräfte die Frage, wie und in welcher Form diese Gründe angeboten werden können, damit sich die Mitarbeiterinnen und Mitarbeiter in Richtung intendierter Ziele bewegen. Dazu braucht es aus unserer Perspektive zwei Dinge: (1) Sinnangebote, die über den einzelnen, aber auch über die Selbsterhaltungsziele der Organisation hinausgehen. (2) Klarheit auf Seiten der Führungskräfte über die Möglichkeiten, aber auch über die Grenzen des Machbaren.

(1) Sinnangebote: Arbeitshandeln findet immer im organisationalen Kontext statt und wird durch Menschen vollbracht. Sinn erleben ist subjektiv und es ist immer Aufgabe des Einzelnen, Sinn in seinem Tun zu entdecken. Sinnvolle Beweggründe beziehen sich auf etwas, das außerhalb des Einzelnen, idealerweise aber auch außerhalb der Organisation liegt. Wie empirische Untersuchungen zeigen, ist es die Bedeutsamkeit der Arbeitsaufgabe für andere, die den Zusammenhang zwischen Sinnerfüllung und Arbeitsengagement am stärksten beeinflusst.[16] Eine Idee, wie sinnvolle Beweggründe aussehen können, liefert Laloux am Beispiel des Unternehmens Buurtzorg, das Kranke ambulant versorgt: „Der Sinn unserer Arbeit ist es, dass die Patientinnen und Patienten ein erfülltes und unabhängiges Leben führen können."[17] Dieses Sinnangebot ist handlungsleitend und berücksichtigt sowohl organisationale als auch individuelle Ziele und Werte. Umgelegt auf den Führungsalltag bedeutet das, dass es nicht ausreichend ist, den Mitarbeiterinnen und Mitarbeitern zu erklären, wie organisationale Ziele zu verstehen sind und wie die Arbeit des Einzelnen zur Erreichung dieser Ziele beiträgt. Dieses Sinnangebot liegt zwar außerhalb des Einzelnen, bezieht sich im Prinzip aber nur auf die Selbsterhaltungsziele der Organisation wie Umsatz, Gewinn oder organisationales Überleben. Sinnvolle Sinnangebote im Arbeitskontext berücksichtigen daher neben organisationalen Zielen und Werten zentral auch die individuellen (Lebens-) Motive des Einzelnen – auch wenn diese oft jenseits der organisationalen Grenzen liegen (Abbildung 1).

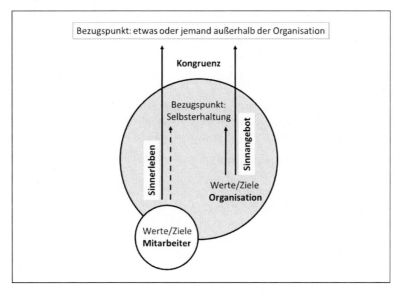

Abb. 1: Sinnvolle Sinnangebote beziehen die Organisation und den Menschen gleichermaßen mit ein.

(2) *Möglichkeiten und Grenzen des Machbaren*: Weite Teile der Führungsliteratur zeichnen gerne das Bild des „Sinnstifters", wenn es um das Rollenverständnis von Führungskräften bzw. auch um die Frage, was Mitarbeiterinnen und Mitarbeiter motiviert, geht. Wie uns die Diskussionen um generelles Sinnerleben bzw. jene um sinnvolle Arbeit zeigen, wird sinnvolles Arbeitserleben jedoch nicht primär durch sinnstiftende Kommunikation der Führungskraft ermöglicht. Im Gegenteil, es gibt eine Reihe von weiteren Möglichkeiten, damit Mitarbeiter und Mitarbeiterinnen den Sinn ihrer Arbeit erkennen und diese als sinnvoll erleben. Die zentrale Aufgabe von Führungskräften ist es daher nicht, Sinn zu stiften, sondern Sinnerleben am Arbeitsplatz zu ermöglichen. Wie konkrete Ansatzpunkte aussehen können, diskutieren wir im Folgenden.

Ansatzpunkte, um Sinnerleben am Arbeitsplatz zu ermöglichen

Als Führungskraft Sinn reflektieren und Werte vorleben: Für Führungskräfte ist es wichtig, sich vor Augen zu halten, dass über Sinn oder Un-Sinn immer der Einzelne entscheidet. Sinn und damit Motivation können nicht ohne weiteres erzeugt, angeordnet, gemanagt und gegeben werden. Dies erfordert von der Führungskraft eine fundierte Auseinandersetzung mit den Zielen bzw. Werten des jeweiligen Mitarbeiters, welche gleichzeitig das im Rahmen der Organisation Notwendige bzw. Machbare berücksichtigt. Dann können individualisierte Sinnangebote geschaffen werden, in denen der/die Einzelne den persönlichen Sinn entdecken kann und bei denen Resonanzerfahrungen möglich sind. Sinnorientierte Führungskräfte achten dabei auf Nachhaltigkeit, nutzen ihre Freiheit und ihre Macht verantwortungsvoll und selbst-transzendent.[18] Selbsttranszendenz bedeutet in diesem Zusammenhang eine sinnorientierte Ausrichtung auf die Aufgaben, ohne zuerst an den eigenen Nutzen zu denken sowie andere zu führen, um sie erfolgreich zu machen.[19] Führungskräfte sollten auch eine aktive Wertorientierung vorleben, d.h. authentisch sein und reflektieren, welche Werte sie selbst durch ihr Verhalten zum Ausdruck bringen.[20] Eine normativ-ethische Einstellung mit der Bereitschaft, selbstverantwortlich zu handeln und Werte zu verwirklichen hat viel mit Sinn und Sinnerfüllung zu tun und setzt eine selbstkritische Auseinandersetzung mit den Einstellungen sowohl bei der Führungskraft als auch bei den Mitarbeitern voraus.[21]

Kommunikation: Empirische Untersuchungen zeigen, dass Vielen die Sinnerfahrung ihres Alltags nicht deutlich bewusst ist, da sie sich bei der Frage nach dem Sinn überfordert fühlen.[22] Für Führungskräfte ist Sprache ein Mittel, um Sinn sichtbar zu machen. Hier verweist die Literatur insbesondere auf das Konzept des *„framings"*. Es wird beschrieben als der Prozess der Auswahl und Betonung bestimmter Aspekte einer Situation während andere abgewertet oder ausgeklammert werden, sodass eine Interpretation der Situation einer anderen gegenüber bevorzugt wird.[23] Mittel hierzu ist zum Beispiel eine bestimmte Form der Sprache (Metaphern, Umgangssprache, Kontrastierung, Wendungen oder Geschichten), Handlungen oder Symbole. Ziel ist es dabei, dass die Mitarbeiterinnen und Mitarbeiter besser verstehen, wie ihre Arbeit zu den gesamtorganisationalen Zielen beiträgt.

Kontextgestaltung am Arbeitsplatz: Wenn Mitarbeiter sagen: Ich tue etwas Sinnvolles, dann ist das kein von Führungskräften gestifteter Sinn, sondern die Konsequenz eines menschenfreundlichen Arbeitsplatzes. So argumentiert Schnell, um zu zeigen, dass es vier Kriterien am Arbeitsplatz sind, die berufliche Sinnerfüllung ermöglichen: Bedeutsamkeit, Orientierung, Kohärenz und Zugehörigkeit. Greifen wir hier zusätzlich auf Frankl zurück, so sind es drei Wege, auf denen sich Sinn finden lässt: (1) dass man eine Tat setzt oder ein Werk schafft (schöpferischer Wert), (2) dass man etwas oder jemanden erlebt (Erlebniswert) und (3) die Erfahrung, dass man das Leben immer noch gestalten kann, selbst wenn man mit Bedingungen konfrontiert ist, die man nicht ändern kann (Wandel der eigenen Einstellung).[24] Für die Arbeitsplatzgestaltung heißt das, dass Führungskräfte versuchen sollten, oben genannte Kriterien bzw. Werte anzusprechen, um damit Sinnerleben zu ermöglichen. Für die Kontextgestaltung am Arbeitsplatz ergeben sich damit vielfältige Möglichkeiten:[25]

Die *wahrgenommene Bedeutsamkeit* der eigenen Tätigkeit ist einer der wichtigsten Einflussfaktoren für die berufliche Sinnerfüllung. Wenn die Mitarbeiterinnen und Mitarbeiter also erkennen, dass ihre Arbeit für andere von Nutzen ist, erleben sie ihre Arbeit als sinnvoll. Aufgabe von Führungskräften ist es daher, die Bedeutung der Arbeit für andere sichtbar zu machen: Dies kann z.B. über bewusste Kommunikation, das Arbeitsergebnis oder Interaktionsmöglichkeiten mit den Nutznießern der Arbeit geschehen. Um die schöpferischen Werte anzusprechen, sollte die kreative Gestaltung der Arbeit möglich und die Arbeitsaufgabe abwechslungsreich sein sowie zum Wohle anderer beitragen können.

Orientierung meint die generelle Ausrichtung der beruflichen Tätigkeit. Unternehmen geben diese durch Werte, Mission und Vision vor und bestimmen damit, welche Strategien und Ziele verfolgt werden. Um handlungsleitend zu wirken, sollte eine Vision/Mission den Sinn der Organisation erkennen lassen, also mehr sein, als eine hübsche Phrase auf dem Papier. Es zeigt sich, dass Unternehmen, die den wirtschaftlichen Selbsterhalt mit gesellschaftlichem Nutzen verknüpfen, eher den Sinn erleben lassen. Dies deshalb, da damit fundamentale Werte, die über den Selbsterhalt hinausgehen, angesprochen werden.

„Sinn überfordert oder unterfordert jedoch nie."

Viktor Frankl (2015: 155)

Kohärenz steht für Passung und Stimmigkeit. Die vertikale Kohärenz ist dann vorhanden, wenn das berufliche Handeln zur Erreichung der angestrebten Arbeitsziele beiträgt und wenn die Arbeitsziele mit den persönlichen Lebensbedeutungen harmonieren. Die horizontale Kohärenz ist dann erfüllt, wenn sich die beruflichen Tätigkeiten sinnvoll ergänzen, wenn die Arbeitsziele widerspruchsfrei sind und wenn die persönlich relevanten Lebensbedeutungen in eine Richtung weisen. Im Prinzip geht es darum, wie sehr die aktuelle berufliche Tätigkeit mit der Vorstellung einer idealen, den persönlichen Interessen entsprechenden Tätigkeit, übereinstimmt d.h. wie gut der Job zu einer Person passt (Job-Passung). Diese Job-Passung kann auch zum Flow-Erleben führen und entsteht in der Balance zwischen persönlichen Fähigkeiten bzw. Fertigkeiten und Anforderungen der Situation. Die Konsequenzen schlechter Job-Passung reichen von Unterforderung (boreout) bis zur Überforderung (burnout).

Die *Zugehörigkeit* bezieht sich auf das Gefühl, Teil eines größeren Ganzen zu sein, es geht also um die Identifikation mit der Organisation, welche mit dem Wissen, gebraucht zu werden und Verantwortung zu haben, einhergeht. Für Führungskräfte ergibt sich daraus die Forderung nach einem gleichberechtigten, partizipativen, konfliktbereiten und wertschätzenden Umgang. Die zwischenmenschlichen Beziehungen, das Miteinander und damit die Sozial- und Selbstkompetenz beeinflussen in erheblichem Maße die Erlebniswerte. Am Arbeitsplatz erfordert dies soziale Kontakte, Mitsprachemöglichkeiten bei der Gestaltung des Arbeitsumfeldes, offene Kommunikation, transparente Unternehmensstrukturen und authentische Rollenbilder.

Wenn jemand aber weder in der Arbeit noch durch soziales Miteinander oder persönlichen Einsatz Sinn entdecken kann, kann er aufgrund seiner *inneren Einstellung* etwas Negatives zumindest umwandeln. Einstellungswerte als dritte Sinndimension nach Frankl heißt daher: unabänderlichen Bedingungen mit Haltung zu begegnen und trotzdem Gestalter des eigenen Verantwortungsbereiches zu bleiben sowie proaktives Handeln und Denken, die Annahme schwieriger Lebenslagen, flexible Einstellungen zur eigenen Rolle, Akzeptanz nicht veränderbarer Arbeitssituationen, ohne dabei in eine innere Kündigung zu verfallen und Selbstgestaltung d.h. der Erwerb der Fähigkeit, die demotivierende Arbeitssituationen hinzunehmen.

▌ Faktoren, die Sinnerleben ermöglichen

- Als Führungskraft die Fähigkeit entwickeln, Sinn zu reflektieren und als Rollenmodell handeln.
- Sinnangebote schaffen, die sowohl den Sinn der Organisation als auch die Werte der Mitarbeiterinnen und Mitarbeiter miteinander verknüpfen.
- Vision/Mission, die den tieferen Sinn der Organisation ausdrückt und sich auf etwas außerhalb der Organisation bezieht.
- Kontextgestaltung, die Bedeutsamkeit, Orientierung, Kohärenz und Zugehörigkeit berücksichtigt sowie schöpferische Werte und Erlebniswerte der Mitarbeiterinnen und Mitarbeiter anspricht.
- Aufgaben- und Jobgestaltung, die Mitarbeiterinnen und Mitarbeiter den Sinn ihrer Tätigkeit erkennen lässt und ein Flow-Erleben ermöglicht.
- Sich als Führungskraft immer vor Augen führen, dass sich in einer Organisation nur das umsetzen lässt, was sich umsetzen lässt. Nicht mehr, aber auch nicht weniger.

Zusammenfassung

Es macht Sinn, sich als Führungskraft mit dem Thema Sinn am Arbeitsplatz zu beschäftigen. Damit Mitarbeiterinnen und Mitarbeiter ihre Arbeit als sinnvoll erleben können, braucht es eine Weiterentwicklung im Rollenverständnis der Führungskräfte: weg von der Idee der Sinnstifter hin zur Idee der Sinnermöglicher. Es ändert sich damit nicht nur das Selbstbild, sondern auch das Handlungsspektrum erweitert sich. Führungskräfte können nun bewusst ihr eigenes Rollenhandeln reflektieren, die aktive Auseinandersetzung mit den Zielen und Werten der Organisation sowie mit jenen der arbeitenden Menschen fördern und im Rahmen der Arbeitsplatzgestaltung bewusst auf Sinnangebote achten. Es bedeutet auch eine Weitergabe oder Teilen von Verantwortung. Es ist nicht die Führungskraft, die Sinn stiftet. Es sind die Mitarbeiter und Mitarbeiterinnen, die ihren Sinn finden (müssen) und das Leben zu ver-antworten haben.

Literatur

[1] Duden. 2017. Die deutsche Rechtschreibung. 27. völlig neu bearbeitete u. erweitere Auflage. Berlin: Dudenverlag.

[2] Böckmann, W. 1980. Sinn-orientierte Leistungsmotivation und Mitarbeiterführung. Stuttgart: Ferdinand Enke Verlag. Zur Frage nach dem Verstehen siehe z.B. auch Literatur zu sensemaking (Weick, K.E. 1995. Sensemaking in organizations. Thousand Oaks, CA: Sage) oder Attributionstheorien (z.B. Weiner, B. 1988: An attributional theory of motivation and emotion. New York: Springer).

[3] Schnell, T. 2016. Psychologie des Lebenssinns. Berlin Heidelberg: Springer Verlag.

[4] Tausch, R. 2011. Sinn in unserem Leben – bedeutsam für seelische Gesundheit, Leistungsfähigkeit und Lebensqualität. In: Ringlstetter, M., Kaiser, S. & Müller-Seitz, G. (Hrsg.). Positives Management. Zentrale Konzepte und Ideen des Positive Organizational Scholarship, 2. Auflage, Wiesebaden: Gabler Verlag: 73-88.

[5] Frankl, V.E. 2015. Der Mensch vor der Frage nach dem Sinn. Eine Auswahl aus dem Gesamtwerk. 28. Auflage. München/Berlin: Piper Verlag GmbH.

[6] Bauer, J. 2015. Arbeit. Warum sie uns glücklich oder krank macht. München: Wilhelm Heyne Verlag.

[7] Hardering, F., Will-Zocholl, M. & Hofmeister, H. 2015. Sinn der Arbeit und sinnvolle Arbeit: Zur Einführung. Arbeit 24(1-2): 3-12.

[8] Grant, A.M. 2012. Leading with meaning. Beneficiary contact, prosocial impact, and the performance effects of transformational leadership. Academy of Management Journal 55(2): 458-476.

[9] Trummers, L.G. & Knies, E. 2013. Leadership and meaningful work in the public sector. Public Administration Review 73(6): 856-868.

[10] Link, K. 2016. Paradoxe Führung. Eine Sowohl-als-auch-Perspektive in der Organisation verankern. zfo-Zeitschrift Führung und Organisation 85(5): 342-347. Für eine detaillierte Auseinandersetzung zu „sensegiving" siehe z.B. Gioia, D. & Chittipeddi, K. 1991. Sensemaking and sensegiving in strategic change initiation. Strategic Management Journal 12(6): 433-448. Güttel, W.H. & Link, K. 2014. Führung in Veränderungsprozessen. Sinn, Motivation, Selbststeuerung. Austrian Management Review 4: 19-36.

[11] Cameron, K: 2008. Positive Leadership. Strategies for extraordinary performance. 2. edition, Berreth-Koehler Publishers, San Francisco.

[12] Frankl, V.E. 2015: 58

[13] Siehe z.B: Hackman, J.R. & Oldham, G.R. 1976. Motivation through the Design of Work: Test of a Theory. Organizational Behavior and Human Performance 16: 250-279; Grant, A.M. 2012.; Bailey, C. & Madden, A. 2016. What makes work meaningful – or meaningless. MIT Sloan Management Review, Summer: 53-61.

[14] Tausch, R. 2011: 79

[15] Schnell, T., Höge, T. & Pollet, E. 2013. Predicting meaning in work: Theory, data, implications. The Journal of Positive Psychology 8(6): 543-554.

[16] Schnell, T., Höge, T. & Pollet, E. 2013.

[17] Laloux, F. 2015. Reinventing Organizations. München: Verlag Franz Vahlen.

[18] Oelsnitz von der D. & Becker, J. K. 2017. Sinnerfülltes Arbeiten. Die Basis von Initiative und Wohlbefinden. Zfo (86. Jg.): 4-9.

[19] Pichler, H. 2017. Sinn-erfüllt arbeiten. Erfolgreich führen. Ein Praxisbuch für Führungskräfte und Mitarbeiter. Tulln: Dr. Harald Pichler.

[20] Oelsnitz von der D. & Becker, J. K. 2017

[21] Heyse, V. & Erpenbeck, J. (2009): Kompetenztraining. 2. Überarbeitete und erweiterte Auflage. Stuttgart: Schäffer-Pöschl.

[22] Tausch, R. 2011.

[23] Fairhurst, G.T. & Starr, R.A. 1996. The art of framing: Managing the language of leadership. San Francisco: Jossey-bass.

[24] Frankl, V.A. 2015.

[25] Schnell, T. 2016. Die Arbeit und wir – eine Beziehungsanalyse. Magazin Grüner Kreis Nr. 99: 8-11.; Graf, H. 2007. Die kollektiven Neurosen im Management. Viktor E. Frankl. Wege aus der Sinnkrise in der Chefetage. Wien: Linde Verlag.

Angaben zu den Autorinnen

Dr.[in] Karin Link ist wissenschaftliche Mitarbeiterin am Institut für Management und Leadership Development an der FH Wiener Neustadt. Davor war sie Universitätsassistentin an der JKU Linz sowie selbstständig in der IT-Branche. Ihre Forschungsschwerpunkte sind Leadership, hier insbesondere Paradoxe Führung, Komplexitäts- und Veränderungsmanagement sowie Lernen auf organisationaler und individueller Ebene (Fokus Führungskräfte und Kompetenzmanagement).

Mag.[a] Gina Falkner ist wissenschaftliche Mitarbeiterin am Institut für Management und Leadership Development an der FH Wiener Neustadt. Davor war sie bei einem internationalen Konzern in der Personalabteilung tätig. Ihre Forschungsschwerpunkte sind Age Management, Positive Psychologie und Sinn im Beruf.

Stefan Konlechner

Universitätsassistent
am Institut für Human Resource &
Change Management, Johannes
Kepler Universität Linz
stefan.konlechner@jku.at

Markus Latzke

Universitätsassistent
am Interdisziplinären Institut für Verhaltenswissenschaftlich Orientiertes
Management, WU Wien
markus.latzke@wu.ac.at

A Song of Power and Influence

Was wir aus Game of Thrones über Macht, soziale Einflussnahme und deren Konsequenzen in Organisationen lernen können

Führung kann als Beeinflussungsprozess innerhalb einer sozialen Beziehung verstanden werden. Doch warum funktioniert Führung überhaupt? In diesem Beitrag analysieren wir unterschiedliche Machtbasen sowie darauf aufbauende mikropolitische Taktiken und deren Konsequenzen anhand von Beispielen aus der populären TV Serie „Game of Thrones" (Spoileralarm!). Auf dieser Grundlage ziehen wir Analogien zu Effekten in realen Organisationskontexten. Unsere Analyse zeigt, dass Machtbasen und soziale Einflusstaktiken eng verknüpft sind und illustriert das Wesen von Macht als Resultat kontextabhängiger Attributionsprozesse.

Einleitung

Führung ist ein facettenreiches und aus dem Managementbereich kaum wegzudenkendes Phänomen.[1] Grob definiert kann Führung als zielorientierter, sozialer Beeinflussungsversuch verstanden werden.[2] Warum bzw. inwieweit solche Beeinflussungsversuche erfolgreich sind (oder nicht) hängt nicht zuletzt von der wahrgenommenen Machtverteilung zwischen den handelnden Akteuren ab, wobei Macht nach Max Weber als Fähigkeit verstanden werden kann, „innerhalb einer sozialen Beziehung den eigenen Willen auch gegen Widerstreben durchzusetzen".[3] Doch was ist Macht genau und wie beeinflusst die wahrgenommene Machtverteilung zwischen Akteuren Versuche den eigenen Willen durchzusetzen?

In diesem Beitrag analysieren wir das Phänomen Macht anhand des Machtbasen-Ansatzes nach French und Raven[4] als Grundlage von Führung. Dabei wird davon ausgegangen, dass Machtpositionen von Individuen auf unterschiedlichen Grundlagen fußen können. Wir verknüpfen anschließend den Machtbasen-Ansatz mit Erkenntnissen der Forschung zu Mikropolitik, indem wir unterschiedlichen Machtbasen soziale Einflusstaktiken zuweisen, und zeigen deren Konsequenzen auf. Zur Illustration nutzen wir Beispiele aus der populären TV-Serie „Game of Thrones" und ziehen daraus Analogien zu realen Organisationskontexten. Damit steht dieser Beitrag in der Tradition von Studien, welche aus der Analyse popkultureller Fiktion Lehren für Organisationen und Führungskräfte ziehen.[5] Der Begriff der Populärkultur verweist zum einen darauf, dass sie einen hohen Beliebtheitsgrad aufweist und daher von vielen Menschen konsumiert wird; zum anderen wird damit häufig der Versuch unternommen, diese von der seriösen und distinguierten Hochkultur abzugrenzen.[6] Gerade bei Fernsehserien, die aufgrund ihrer parallelen komplexen Handlungsstränge und glaubhaften Entwicklung von Charakteren zuweilen gar mit großen Gesellschaftsromanen verglichen werden, verschwimmt die Grenze zwischen Populärkultur und Hochkultur allerdings zusehend.[7] Insbesondere „Game of Thrones" wurde bereits als Beispiel herangezogen, um Themen wie Herrschaftsstrukturen[8] oder ethisches Verhalten von Führungskräften[9] wissenschaftlich zu analysieren.

Macht und Einflussnahme in Westeros (und bei uns)

Die Fähigkeit innerhalb einer sozialen Beziehung Macht auszuüben kann auf unterschiedlichen Grundlagen beruhen. Eine der bekanntesten Typologien solcher Grundlagen wurde von French und Raven entwickelt.[10] Die Autoren definieren sechs unterschiedliche Machtbasen. Dabei differenzieren sie zwischen Legitimationsmacht, Belohnungs- und Bestrafungsmacht (Sanktionsmacht), Identifikationsmacht, Expertenmacht, sowie Informationsmacht. Während der Machtbasen-Ansatz somit aufzeigt *was* mächtig macht, werden im Rahmen der Auseinandersetzung mit Mikropolitik in Organisationen jene Einflusstaktiken analysiert, durch die Individuen versuchen, in sozialen Situationen ihren Willen durchzusetzen.[11] Der Fokus liegt somit darauf, *wie* Akteure ihren Willen durchzusetzen versuchen. Ein Blick auf das verfügbare Repertoire mikropolitischer Einflusstaktiken offenbart dabei die Existenz einer ungemeinen Varietät solcher Taktiken. Einige Taktiken finden sich in nahezu allen Systematisierungen und werden besonders häufig in Hinblick auf deren Konsequenzen untersucht, wie etwa offener Druck, rationales Überzeugen, Einschmeicheln, Tauschhandel, Koalitionsbildung oder das Berufen auf Regeln, Gesetze und Verfahren.[12]

Machtbasen und Einflusstaktiken sind eng miteinander verknüpft.

Machtbasen und Einflusstaktiken sind jedoch nicht unabhängig voneinander. Um Einflusstaktiken wirksam einzusetzen muss die entsprechende Machtbasis gegeben sein. Häufig verfügen Akteure wie Führungskräfte über mehrere Machtbasen und können daher aus verschiedenen Beeinflussungsmöglichkeiten wählen. Daher stellt sich die Frage welche Konsequenzen das Ausspielen einer bestimmten Machtbasis im Zuge des Einsatzes von Einflusstaktiken hat. Die nachfolgenden Ausführungen verfolgen das Ziel diese Zusammenhänge anhand fiktiver sowie realer Beispiele darzustellen und zu analysieren.

Macht und Mikropolitik

Legitimationsmacht (durch formale Position): Das Funktionieren von Macht auf Basis formaler Position basiert darauf, dass die Existenz hierarchisch differenzierter Rollensysteme anerkannt und nicht hinterfragt wird. Anschauliche Beispiele für Charaktere deren Macht auf deren formaler Position beruht, stellen Lyanna Mormont und Joffrey Baratheon dar, die beide bereits in jungen Jahren mächtige Positionen einnehmen. Lyanna Mormont, obwohl eigentlich ein „kleines Mädchen", wird aufgrund ihres rechtmäßigen Herrschaftsanspruchs als Tochter des verstorbenen Regenten von den anderen, alteingesessenen, erfahrenen, männlichen Anführern akzeptiert. Dies zeigt sich regelmäßig in politischen Diskussionen in denen ihrer Stimme hohes Gewicht eingeräumt wird. Ihr auf ihrer formalen Macht basierendes Herrschaftsverständnis unterscheidet sich drastisch von jenem Joffrey Baratheons, der mit aller Grausamkeit, die ihm seine Position ermöglicht, regiert. Wie fragil allerdings ein Herrschaftsanspruch ist, der sich einzig auf diese eine Machtquelle stützt, verdeutlicht ein Gespräch zwischen Joffrey und seinem Großvater Tywin Lannister, der zu dieser Zeit „eigentlich" das Sagen in Westeros hat (was uns gleichzeitig verdeutlicht, dass die Person mit dem höchsten formalen Rang nicht immer auch jene sein muss, die tatsächlich Herrschaft ausübt). Als Joffrey in einem Streit mit seinem Onkel Tyrion auf seine formale Position hinweist („Ich bin der König. Ich werde dich bestrafen"), maßregelt Tywin seinen Enkel mit den Worten „Ein König, der sagen muss ‚Ich bin der König', ist kein richtiger König" (S3E10). Nach Tywins Maßregelung schickt er seinen trotzigen Enkel ins Bett und übernimmt die königlichen Agenden.

Eine zentrale mikropolitische Taktik, die auf Legitimationsmacht beruht ist es auf die eigene formale Autorität, Titel sowie offizielle Regeln zu verweisen. Dadurch wird die soziale Norm hierarchische Rangordnung zu respektieren angesprochen. Einer der Grundzüge von Hierarchie in Organisationen ist es, auf Basis von unterschiedlichen formalen Positionen, eine Differenzierung vorzunehmen und damit Handlungs- und Entscheidungsspielräume von Akteuren festzulegen. Grundsätzlich sind beispielsweise Führungslaufbahnen in Organisationen darauf ausgelegt, dass verdienstvolle Personen aufsteigen und Leitungsfunktionen übernehmen. Befindet sich also eine Person in der Hierarchie weit oben und wird das als Resultat von Leistung angesehen, handelt es sich dabei um eine stabile Machtbasis. Anders hingegen, wenn die Gründe für die Position eher in Vetternwirtschaft gesehen werden. Wie das oben ausgeführte Beispiel illustriert, kann die Notwendigkeit auf die formale Position zu pochen in Führungskontexten auch als Schwäche ausgelegt werden.[13]

Belohnungs- und Bestrafungsmacht (Sanktionsmacht): Sanktionsmacht macht mächtig, wenn jene Akteure die durch Machteinsatz beeinflusst werden sollen, die entsprechende Belohnung anstreben bzw. Bestrafung fürchten. So können beispielsweise materielle Zuwendungen, wie der gezielte Einsatz ihrer Goldreserven durch die Familie Lannister, eine wirkungsvolle Belohnung darstellen. Ausübung von Belohnungsmacht kann aber auch via Gewährung oder Entzug von Zuneigung bzw. sexueller Gefälligkeiten stattfinden. Letzteres ist ein wiederkehrendes Motiv in Game of Thrones. Prinzessin (bzw. später Königin) Margaery Tyrell erlangt ihre Machtposition nicht zuletzt durch die sexuelle Manipulation ihres Gemahls König Tommen (S5E3), indem sie Zuneigung gegen dessen Unterstützung tauscht. Gleichzeitig sichert sie sich durch regelmäßige Besuche (und Geschenke) das Wohlwollen des gemeinen Volkes.

Tauschhandel und Einschmeicheln sind mikropolitische Taktiken, die oft auf Belohnungsmacht basieren. Beim Tauschhandel werden explizit oder implizit Belohnungen in Aussicht gestellt, wenn entsprechend des Anliegens gehandelt wird. Beim Einschmeicheln geht es darum, dass sich die Zielperson besser fühlt und den anderen Akteur positiver einschätzt. Empirische Studien zu den Effekten dieser Taktiken belegen die Effektivität von Einschmeicheln insbesondere im Kontext der Leistungsbeurteilung – seien es Einstellungsinterviews oder sonstige Mitarbeitergespräche –, in Organisationen.[14] Grundsätzlich stellt auch der Tauschhandel eine effektive Taktik dar, allerdings können sich längerfristig ungewünschte Konsequenzen ergeben. So ist z.B. die Wirkung von Bonuszahlungen zeitlich nur sehr begrenzt und es kann zur Verdrängung intrinsischer Motivation und ausschließlich kalkulierten Handlungen kommen.[15]

In der Regel ist es nicht eine einzelne Quelle, die Akteuren Macht verleiht, sondern ein Zusammenspiel unterschiedlicher Machtbasen. Cersei Lannisters Macht zu Belohnen oder (vor allem) zu Bestrafen beruht auf ihrer formalen Position als Königsmutter. Wenig überraschend unternimmt sie alles, um diese formale Position um jeden Preis zu verteidigen. Als Petyr Bealish (Spitzname „Littlefinger"; Meister der Münze) ihr indirekt damit droht, die Illegitimität ihres Herrschaftsanspruchs aufzudecken und sich in der Folge damit brüstet, dass Wissen Macht sei, befiehlt sie spontan einer Wache Littlefinger zu töten. Erst in letzter Sekunde verhindert sie, dass Littlefinger tatsächlich der Hals aufgeschnitten wird. Ihre (Sanktions-)-Machtdemonstration endet mit der Aussage „Macht ist Macht" (S2E1). Die oftmals unverhohlen offen zur Schau gestellte Bestrafungsmacht Cerseis führt auf lange Sicht zu schlechten Entscheidungen, da keiner ihrer Ratgeber es mehr wagt, in ihrer Gegenwart offen zu sprechen oder ihr gar in einem Punkt zu widersprechen. Fehlt dieses Korrektiv, wird die Hybris von Entscheidungsträgern verstärkt, was zu dysfunktionalen Entwicklungen führt. Bereits Niccolo Macchiavelli hat in seinem Werk „il principe" betont, ein Fürst dürfe nur so viel Furcht verbreiten, dass er keinen Hass auf sich zieht.[16] Zu dieser Erkenntnis kommt auch Tyrion, der Cerseis auf Bestrafung basierende Macht folgendermaßen kommentiert (S7E6): „Angst ist alles, was Cersei kann, alles was mein Vater konnte, und Joffrey. Ihre Macht wird dadurch brüchig, weil alle ihre Untertanen sich ihren Tod wünschen".

Die mikropolitische Taktik offenen Druck auszuüben basiert auf Bestrafungsmacht und arbeitet mit Drohungen, laufender Kontrolle und oftmaliger Erinnerung an eine Aufgabe, wodurch auch Statusdifferenzen besonders betont werden. In entsprechenden realen Organisationskontexten verspüren MitarbeiterInnen unter solchen Bedingungen deutlich mehr Stress und trauen sich weniger zu widersprechen was zu einer steigenden Fehlerrate führt.[17] Generell zeigt sich, dass ein durch Unsicherheit bzw. Angst geprägtes Klima Entscheidungsprozesse hemmt und negativ auf diverse Leistungsparameter wirkt.[18] Ist das Sicherheitsklima auf Abteilungsebene hingegen gut, verbessert dies Teamprozesse[19] und fördert Innovation auf Basis psychologischer Sicherheit.[20]

Identifikationsmacht (Referenzmacht): Die Entwicklung von Daenerys Targaryen (der ins Exil geflohenen letzten Überlebenden eines Putsches gegen ihre Familie, die sich daran macht, die Heimat ihrer Familie zurückzuerobern) unterscheidet sich deutlich von jener Cerseis. Ihre zentrale Machtbasis ist die Identifikations- bzw. Referenzmacht. Der Schöpfer der Geschichte, G.R.R. Martin, zeichnet sie als Außenseiterin, die Widerstände überwindet und ihre Gefolgschaft begeistert, indem sie Visionen artikuliert und verfolgt. Sie wird verstoßen, verkauft, und verraten. Zur Messias-artigen Figur passt, dass Martin sie auch die Wüste durchqueren und schwer erkranken lässt. Die Loyalität ihres ersten Gefolges beruht weder auf Sanktions-, Legitmations-, Informations- oder Expertenmacht, sondern darauf unverbrannt aus dem Feuer gestiegen zu sein und Menschen dazu motiviert zu haben, ihr zu folgen. Auch wenn ihre Drachen im späteren Verlauf der Geschichte ein gewichtiges Drohpotenzial darstellen, ist es doch ihr Wesen (bzw. Ruf) als die Unverbrannte, Mutter der Drachen und Befreierin der Sklaven, das Menschen dazu veranlasst ihr zu folgen. Charakteristisch ist ihr unbeirrbarer Glaube daran, das Richtige zu tun und ihren Zielen Alles unterzuordnen, selbst wenn das Tod und Zerstörung für Viele bedeutet.

In realen Unternehmenskontexten können Führungskräfte versuchen durch inspirierende Appelle Enthusiasmus bei anderen zu entfachen, indem auf Werte und Ideale verwiesen wird. Bei Organisationen mit starken Visionen wie Apple oder Tesla wird häufig nicht von MitarbeiterInnen oder KundInnen sondern von „Jüngern" Steve Jobs oder Elon Musks gesprochen. Dabei wird insbesondere auf Emotionen abgezielt. Der Einsatz dieser Taktik weist große Erfolge auf[21] und eine Vielzahl an Forschungsarbeiten weist auf die positiven Konsequenzen von transformationalen bzw. charismatischen Führungskräften hin[22]; jedoch auch auf die Gefahren, die damit verbunden sind.[23] Insbesondere wenn Charisma zu Narzissmus wird sind Führungskräfte weniger effektiv.[24]

i Machtbasen und Führungsstile

Unterschiedliche Machtquellen sind auch mit unterschiedlichen Führungsstilen verbunden. In der Führungsforschung wird gemeinhin zwischen dem transaktionalen und dem transformationalen Führungsstil differenziert. Im Rahmen transaktionaler Führung bieten die Führenden eine Belohnung im Tausch für Gehorsam bzw. Leistung. Bei Abweichungen wird eingegriffen (Management by Exception). Diesem, vor allem auf Positions- und Sanktionsmacht aufbauendem, Führungsstil liegt ein wenig aktives Verständnis von Führung zugrunde. Cersei Lannisters Führungsstil ist beispielsweise transaktional. Sie verspricht in der Regel Belohnung bzw. Verschonung vor Bestrafung gegen Gehorsam. Daenerys Targaryens Führungsstil ist hingegen transformational. Transformationale Führung zeichnet sich dadurch aus, dass „höhere Ziele" der Gefolgschaft angesprochen werden. Zwischen den Führenden und der Gefolgschaft wird eine Identifikation erzeugt (Charisma), Geführte werden inspiriert und motiviert, zu kreativem Verhalten angeregt und finden Berücksichtigung ihrer Bedürfnisse. Machtbasen und Führungsstile stehen somit in einer reziproken Wechselwirkung und bedingen sich gegenseitig.

Expertenmacht: Expertenmacht basiert darauf, dass einem Akteur innerhalb einer sozialen Beziehung relevantes Wissen oder relevante Fähigkeiten zugeschrieben werden. Eine Gruppe der hohe Expertenmacht zugeschrieben wird ist jene der Maester (Gelehrte), die ihr gesamtes Leben dem Studium der Wissenschaften widmen und erst nach Absolvierung umfassender Prüfungen ihre Dienste anbieten dürfen. Ein Beispiel, das die negativen Konsequenzen des blinden Vertrauens in ExpertInnen illustriert ist jenes der Priesterin Melisandre. Der Glaube an ihre Fähigkeit das Feuer lesen zu können und daraus Befehle einer übergeordneten Instanz (in diesem Fall: Gott) zu ziehen veranlasste den um den Thron ritternden Stannis Baratheon sogar seine eigene Tochter bei lebendigem Leibe zu verbrennen (S5E9). Expertenmacht bleibt solange aufrecht, solange Expertise attribuiert wird – wodurch die Zuschreibung wichtiger wird als die tatsächlichen Fähigkeiten. In klassischen Organisationskontexten spielen Experten auch oft eine große Rolle. Expertentum in unterschiedlichen Bereichen (IT Spezialisten, Juristen, Finanzexperten, Marketingfachleute, etc.) ist essentiell für den unternehmerischen Erfolg. Als Konsequenz versuchen Organisationen das Expertenwissen ihrer Belegschaft zu fördern und etablieren neben klassischen Führungslaufbahnen, die mit hierarchischem Aufstieg und breiteren Gestaltungsspielräumen verbunden sind, auch sogenannte Fachlaufbahnen, wobei dann Fachwissen und Aufgabenspezialisierung im Vordergrund steht.[25]

Eine stark mit Expertenmacht verbundene soziale Einflusstaktik ist logisches Argumentieren, wodurch versucht wird rational Einfluss zu nehmen. Die Forschung zeigt, dass es sich dabei um eine effektive mikropolitische Taktik handelt, die mit positiver Leistungsbeurteilung und hohem Ansehen einhergeht.[26] Blindes Vertrauen in Expertentum kann allerdings auch gefährlich sein. Eine anschauliche Illustration hierfür liefert Stanley Milgram mit seinen Experimenten zum Thema „Gehorsam gegenüber Autorität".[27] Darin zeigt er wie bereitwillig Menschen bereit sind unkritisch den Anweisungen von vermeintlichen Experten auch gegen eigene Überzeugungen zu folgen. Aufgrund der Autoritätshörigkeit gegenüber Experten dient die Vortäuschung solchen Expertentums nicht selten als Grundlage für Betrügereien. Als Beispiele mögen selbsternannte Finanz- und Investitionsexperten dienen (z.B. Bernard Madoff), welche mittels Pyramidenspielen großen Reichtum für sich selbst und große Verluste für Anleger generiert haben.

Informationsmacht: Informationsmacht beruht auf Informationsvorsprüngen, insbesondere auf Wissen über andere Personen.[28] Ein klassisches Beispiel für einen Charakter dessen Macht nahezu ausschließlich auf Information beruht stellt Lord Varys (königlicher Berater) dar. Dieser berichtet davon den Wert von Information bereits in jungen Jahren als Dieb in Myr schätzen gelernt zu haben („während ich älter wurde, lernte ich, dass der Wert der Briefe im Geldbeutel eines Mannes oftmals den der Münzen bei weitem überstieg"; S3E4) und hat sich anschließend ein Netzwerk an Spionen aufgebaut („Vögelchen").

In konkreten Organisationskontexten stellt Informationsmacht auch eine wichtige Machtquelle dar. Wer über relevante Informationen verfügt, kann auf dieser Basis neben rationaler Argumentation auch auf Informationskontrolle setzen, also Informationen filtern, zurückhalten und selektiv weitergeben. In der Organisationsforschung werden häufig berufliche Netzwerke analysiert; dabei stellt sich heraus, dass große und weit gestreute Netzwerke den Zugang zu Informationen erhöhen.[29] Darüber hinaus gibt es besonders vorteilhafte Positionen in einem Netzwerk, wie z.B. jene von Personen, die fehlende Verbindungen zwischen Akteuren oder Gruppen, sogenannte strukturelle Löcher, überbrücken. Diese Broker bilden somit die einzige Kommunikationsschnittstelle, verfügen als Mitglieder mehrerer Gruppen über relevante Informationen und können als Gatekeeper selbst entscheiden, welche davon sie weitergeben. Wie Studien aus der Karriereforschung zeigen, werden Organisationsmitglieder, die sich in Brokerpositionen befinden, besonders rasch befördert und erhalten mehr Gehaltserhöhungen[30]; das gilt auch für Führungskräfte.

Machtbasis	Mikropolitische Taktik	Beispiel in Game of Thrones	Konsequenzen in realen Organisationskontexten
Legitimationsmacht	Berufen auf formale Position bzw. Machtsymbole	Joffreys wiederholtes Berufen auf die eigene formale Position als König	Je nach Situation: Schwächen der eigenen Position oder Auslösen von Autoritätsgehorsam
Belohnungsmacht	Einschmeicheln Tauschhandel	Margaerys Austausch von Zuneigung gegen Gefälligkeiten	Übernahme von Aufgaben aus reiner Kalkulation; Verdrängung intrinsischer Motivation
Bestrafungsmacht	Drohen, offener Druck	Cerseis Androhung von Einkerkerungen, Folter und Exekution	Vorauseilender Gehorsam; Reduktion von psychologischer Sicherheit und Innovativität
Referenz- bzw. Identifikatiosmacht	Inspirierende Appelle	Daenerys' Vorleben einer Vision, Ansprache und Reden vor der Gefolgschaft	Aufbau einer emotionalen Bindung zwischen Führungskräften und Geführten
Expertenmacht	Rationales Argumentieren	Melisandres Lesen des Feuers, und die Ableitung konkreter Handlungsempfehlungen auf dieser Basis	Beeinflussung der Geführten auf der Grundlage rationaler Argumente, was bis zu blindem Gehorsam führen kann
Informationsmacht	Informationssteuerung, Koalitionen bilden	Varys' Aufbau und Pflege eines breiten Netzwerks an Spionen; Agenda hiding	Verschaffen einer günstigen Netzwerkposition durch Überbrückung struktureller Löcher

Tab 1: Überblick über Machtbasen und mikropolitische Taktiken

Der Schatten an der Wand

Die bisherigen Ausführungen verdeutlichen, dass konkrete Handlungsoptionen sozialer Einflussnahme stets auf gewissen Quellen basieren (Tabelle 1). Diese Quellen sind in den meisten Fällen Ergebnis kontextabhängiger Konstruktionsprozesse.

Machtquellen als Basis von Handlungsoptionen: Da unterschiedliche soziale Einflusstaktiken auf unterschiedlichen Grundlagen aufbauen haben Akteure, die über mehrere Machtquellen parallel verfügen, tendenziell ein breiteres Spektrum an Handlungsmöglichkeiten. Verlieren Akteure, deren Macht sich auf eine einzige Quelle stützt diese oder wird der Herrschaftsanspruch nicht länger anerkannt, gibt es keine Möglichkeiten mehr diesen durchzusetzen.

Macht als Ergebnis von Zuschreibungsprozessen: Auch wenn der Begriff der „Machtbasis" dies möglicherweise auf den ersten Blick zu implizieren scheint, ist Macht kaum etwas objektiv Gegebenes, sondern eher Resultat subjektiver Konstruktionsprozesse. Macht basiert somit darauf, dass andere Akteure die entsprechenden Machtquellen auch als solche (an)erkennen. Mit dem Wegfall der Anerkennung zerbröckelt womöglich auch der Herrschaftsanspruch. Varys, ein Akteur, der das Spiel mit der Macht versteht wie kaum ein Zweiter, bringt dies auf den Punkt, wenn er sagt: "Die Macht wohnt dort, wo die Menschen glauben, dass sie wohnt. Alles nur Täuschung. Ein Schatten an der Wand" (S2E3).

Machtzuschreibungen als kontextabhängige Prozesse: Für das Verstehen von Macht und deren Auswirkung gilt es stets den spezifischen Kontext der Machtausübung zu berücksichtigen. So mögen innerhalb einer Organisation bestimmtes Verhalten und bestimmte Einflusstaktiken passend erscheinen, in einer anderen mag hingegen die Organisationskultur ganz andere Erwartungen transportieren. Neben dem organisationalen Kontext spielt auch die Relation zwischen Akteuren eine nicht unwesentliche Rolle. Ein Beispiel dafür, wie auch soziale Rollen ein Machtgefüge zwischen einzelnen Personen beeinflussen können, liefert neben dem oben ausgeführten Beispiel der Beziehung zwischen König Joffrey und seinem Großvater Tywin Lannister auch ein Dialog zwischen Joffrey und Tyrion, in dem es um Joffreys Verhalten geht (S2E4). Als Tyrion dabei harsche Worte verwendet, wird er von der königlichen Leibwache zurechtgewiesen („Niemand droht seiner Majestät in Gegenwart der Königsgarde"). Tyrion erwidert dessen Einwurf trocken „Aber ich drohe dem König nicht, Ser, ich erziehe meinen Neffen". Indem Tyrion das Gespräch in einen neuen Kontext rückt und auf die familiäre Konstellation anstelle der politischen Rangordnung verweist, ändert sich auch die gesellschaftlich anerkannte Legitimationsmacht (während einem Onkel zugestanden wird seinen Neffen zu erziehen, darf ein Bürger auf keinen Fall den König bedrohen).

Fazit

Dieser Beitrag verbindet den Machtbasen-Ansatz mit Erkenntnissen aus der Forschung zu sozialen Einflusstaktiken. Die oben angeführten Beispiele zeigen auf, dass der Einsatz von Machtbasen wohlüberlegt sein sollte, da die Konsequenzen der entsprechenden Beeinflussungsversuche nicht immer im Sinne einer Führungskraft sind. Klarerweise geht es auch um das Ausmaß. Wer nur Belohnung einsetzt wird mit KalkuliererInnen zu tun haben; wer nur auf Bestrafungsmacht setzt, mit angsterfüllten Ja-SagerInnen; wer sich zu sehr auf Identifikationsmacht verlässt, schart Jünger um sich und läuft Gefahr in ein grandioses Selbstbild zu verfallen. Wird Expertenmacht und Legitimationsmacht nicht hinterfragt, werden Anweisungen einfach befolgt bis hin zur Ausführung von unmoralischen Akten; auch der übermäßige Einsatz von Informationsmacht kann zu Misstrauen führen. Ein besseres Verständnis darüber, welche Rolle Zuschreibungen im „Spiel der Macht" spielen und wie solche Zuschreibungen auch das Repertoire potenziell erfolgversprechender Verhaltensweisen beeinflussen, kann dabei helfen, Führung im Sinne der gezielten Einflussnahme in sozialen Situationen besser zu verstehen und zu verhindern in kritischen Situationen den Kopf zu verlieren.

Literatur

[1]   Vgl. Yukl, G.A. 2013. Leadership in organizations. Pearson Education India, für einen Überblick.

[2]   Vgl. dazu die Beiträge in Güttel, W.H. 2017. Erfolgreich in turbulenten Zeiten, Hampp.

[3]   Weber, M. zitiert in Nienhüser, W. 2003. Macht. In: Martin, A. (Hrsg.): Organizational Behavior - Verhalten in Organisationen. Stuttgart, 139-172.

[4]   French, J. R., & Raven, B. 2004. The bases of social power. Studies in social power, 151-164.

[5] Eine gleichsam kritische wie unterhaltsame Auseinandersetzung mit dem Thema findet sich bei Rehn, A. 2008. Pop (culture) goes the organization: On highbrow, lowbrow and hybrids in studying popular culture within organization studies. Organization, 15(5): 765-783.

[6] Storey, J. 2017. Was ist Populärkultur? In: Kühn, T & Troschitz, R (Hrsg.) Populärkultur – Perspektiven und Analysen. 19-40

[7] Zech, M. 2018. Was schon „Dallas und „Denver" mit der Literatur verband. Neue Züricher Zeitung. https://www.nzz.ch/feuilleton/der-horizontale-weg-in-unsere-serienmoderne-ld.1355007 abgerufen am 9.3.2018

[8] Baumann, M. 2017. The king is dead – long live the Throne? Zur Herrschaftsstuktur in ASOIAF. In: May, Markus, Baumann, Michael, Baumgartner, Robert & Eder, Tobias (Hrsg): Die Welt von "Game of Thrones" – Kulturwissenschaftliche Perspektiven auf George R.R. Martins "A Song of Ice and Fire". Bielefeld: transkript Verlag, 213-226

[9] Urick, M. J., & Racculia, N. 2017. Ethical Decision Making in Game of Thrones. Applying Leadership from Westeros to Business. Journal of Leadership and Management, 1(9-10).

[10] French, J. R., & Raven, B. 2004. The bases of social power. Studies in social power, 151-164.

[11] Neuberger, O. 2006. Mikropolitik und Moral in Organisationen. Stuttgart: Lucius & Lucius

[12] French, J. R., & Raven, B. 2004. The bases of social power. Studies in social power, 151-164.

[13] Furst, S. A., & Cable, D. M. 2008. Employee resistance to organizational change: Managerial influence tactics and leader-member exchange. Journal of Applied Psychology, 93(2): 453-462.

[14] Bolino, M., Long, D., & Turnley, W. 2016. Impression Management in Organizations: Critical Questions, Answers, and Areas for Future Research. Annual Review of Organizational Psychology and Organizational Behavior, 3(1): 377-406.

[15] Frey, B. S., & Osterloh, M. 1997. Sanktionen oder Seelenmassage? Motivationale Grundlagen der Unternehmensführung. Die Betriebswirtschaft, 57: 307-321.

[16] Schulzke, M. 2014. Das Spiel um Throne: Lektionen von Macchiavelli. In: Jacoby, Henry (Hrsg.) Die Philosophie bei game of Thromes. Das Lied von Eis und Feuer: Macht, Moral, Intrigen. Weinheim: Wiley, 29-43

[17] Elangovan, A., & Xie, J. L. 2000. Effects of perceived power of supervisor on subordinate work attitudes. Leadership & Organization Development Journal, 21(6): 319-328.

[18] Einen Überblick darüber wie Angst in Organisationen wirkt und welche Konsequenzen dies mit sich bringt findet sich bei Konlechner, S. 2016. Alles in Deckung: Wie angstinduzierte Kommunikations- und Entscheidungsschwächen Organisationen lähmen – und was dagegen unternommen werden kann. Austrian Management Review, 6: 30-38.

[19] Latzke, M., Schiffinger, M., Zellhofer, D., & Steyrer, J. 2017 (online first). Soft factors, smooth transport? The role of safety climate and team processes in reducing adverse events during intrahospital transports. Health Care Management Review.

[20] Edmondson, A. 1999. Psychological Safety and Learning Behavior in Work Teams. Administrative Science Quarterly, 44(2): 350-383.

[21] Lee, S., Han, S., Cheong, M., Kim, S. L., & Yun, S. 2017. How do I get my way? A meta-analytic review of research on influence tactics. The Leadership Quarterly, 28(1): 210-228.

[22] Judge, T. A., & Piccolo, R. F. (2004). Transformational and Transactional Leadership: A Meta-Analytic Test of Their Relative Validity. Journal of Applied Psychology, 89(5): 755-768.

[23] Steyrer, J. 1998. Charisma and the archetypes of leadership. Organization Studies, 19(5): 807-828.

[24] Grijalva, E., Harms, P. D., Newman, D. A., Gaddis, B. H., & Fraley, R. C. 2015. Narcissism and leadership: A meta-analytic review of linear and nonlinear relationships. Personnel Psychology, 68: 1-47.

[25] Majer, C., & Mayrhofer, W. 2007. Konsequent Karriere machen. Personal, 11: 36-39.

[26] Lee, S., Han, S., Cheong, M., Kim, S. L., & Yun, S. 2017. How do I get my way? A meta-analytic review of research on influence tactics. The Leadership Quarterly, 28(1): 210-228.

[27] Ein ausführlicher Überblick über das Milgram Experiment sowie darauf aufbauenden Replikationsstudien findet sich bei Cialdini, R. 2009. Die Psychologie des Überzeugens, Huber, Bern.

[28] Hier gilt es anzumerken, dass es zur Konzeptualisierung von Informationsmacht unterschiedliche Ansätze gibt, diese erst in späteren Arbeiten den Machtbasen hinzugefügt wurde, und sie zuweilen auch als „Überzeugungsmacht" gesehen wird, die auf logischem Argumentieren aufbaut. Vgl. dazu Nienhüser, W. 2003.

[29] Seibert, S. E., Kraimer, M. L., & Liden, R. C. 2001. A Social Capital Theory of Career Success. Academy of Management Journal, 44(2): 219-237.

[30] Burt, R. S., Kilduff, M., & Tasselli, S. 2013. Social Network Analysis: Foundations and Frontiers on Advantage. Annual Review of Psychology, 64(1): 527-547.

Angaben zu den Autoren

Dr. Stefan Konlechner ist Universitätsassistent am Institut für Human Resource & Change Management an der Johannes Kepler Universität Linz. Seine Forschungsinteressen fokussieren auf das Zusammenspiel zwischen Stabilität und Wandel.

Dr. Markus Latzke ist Universitätsassistent am Interdisziplinären Institut für Verhaltenswissenschaftlich Orientiertes Management an der WU Wien. Im Rahmen seiner beiden Forschungsschwerpunkte zu PatientInnensicherheit und Karrieren untersucht er insbesondere die Rolle des Kontexts auf arbeitsbezogenes Verhalten.

Nina Gusenleitner

Wissenschaftliche Mitarbeiterin
am Institut für Arbeitsforschung und
Arbeitspolitik (IAA) an der Johannes
Kepler Universität (JKU) Linz
nina.gusenleitner@arbeitsforschung.at

Irina Koprax

Wissenschaftliche Projektleiterin
am IAA an der JKU Linz sowie
Universitätsassistentin Postdoc am
Institut für Strategisches Management,
Marketing und Tourismus, Leopold-
Franzens-Universität Innsbruck
irina.koprax@arbeitsforschung.at

Fit für Industrie 4.0 ?!

Erste Erkenntnisse über Zentraleuropas Kompetenzlandschaft und Ausblicke
auf ein Qualifizierungsprogramm für ManagerInnen

Um die Wettbewerbsfähigkeit zentraleuropäischer (Klein- und Mittel-) Unternehmen
zu sichern, ist es Ziel des vom Interreg Central Europe Programms geförderten „Inno-
Peer AVM" Projekts, ein länderübergreifendes Qualifizierungsprogramm für Industrie
4.0 in den Kernbereichen Technologie, Human Ressource Management (HRM) & Organisation und Geschäftsmodellentwicklung zusammen mit und speziell für ManagerInnen in (Klein- und Mittel-) Unternehmen zu entwickeln. Wir berichten über die
Wichtigkeit dieser Thematik, stellen das Projekt sowie die ersten Ergebnisse vor, geben einen Ausblick auf die weiteren Projektschritte und zeigen auf, wie oberösterreichische Stakeholder vom Projekt als Teil der Industrie 4.0-Community profitieren können.

Industrie 4.0 und Zentraleuropas (Klein- und Mittel-) Unternehmen

Auch wenn unterschiedliche Einschätzungen zum genauen wirtschaftlichen Potenzial
von Industrie 4.0 existieren, so scheint eines klar zu sein: Industrie 4.0-Technologien
verändern die Art des Produzierens und haben damit auch gesamtunternehmerische
Konsequenzen. Ein großer Teil europäischer und vor allem oberösterreichischer Produktion findet in Klein- und Mittelunternehmen (KMU) statt. KMU stehen im Gegensatz zu Großunternehmen im Lichte des Industrie 4.0-Trends vor ganz besonderen
Herausforderungen, weil sie meist weniger finanzielle und personelle Ressourcen zur
Verfügung haben, um nötige Veränderungen zu bewerkstelligen.[1] Dies stellt sich vor
allem unter dem Gesichtspunkt der immer stärker geforderten Vernetzung der Liefer-
kette als problematisch dar. Deshalb stehen KMU im Fokus dieses Projektes, wobei
größere Unternehmen keinesfalls ausgeschlossen werden. Für den Erhalt der zukünfti-
gen Wettbewerbsfähigkeit Europas ist es notwendig, gemeinschaftlich Industrie 4.0-

Strategien zu entwickeln, die sowohl Geschäftsmodellentwicklungen auf Basis von sich ändernden KundInnenanforderungen, Prozessentwicklungen zur optimalen Nutzung neuer Technologien sowie ein funktional übergreifendes und strategisch ausgerichtetes Human Ressourcen Management berücksichtigen. Zum Umgang mit diesen Herausforderungen müssen aber nicht nur unternehmensintern Kompetenzen aufgebaut werden, sondern braucht es auch unterstützende Rahmenbedingungen wie Finanzierungsmöglichkeiten, Qualifikationsversorgung und Infrastruktur.[2] Kurz gesagt geht es darum, ein Industrie 4.0-Ökosystem zu schaffen. Ein Baustein dazu soll durch das im Folgenden beschriebene Projekt gelegt werden.

InnoPeer AVM – Das zentraleuropäische Industrie 4.0-Projekt

InnoPeer AVM möchte das erste Peer to Peer Netzwerk zwischen (Klein- und Mittel-) Unternehmen, Bildungseinrichtungen und Intermediären (z.B. Clusterorganisationen, Innovationsagenturen, Interessenvertretungen) spezialisiert auf Advanced Manufacturing (AVM) (für den in Deutschland und Österreich weiter verbreiteten Begriff Industrie 4.0) in drei Bereichen – (1) Technologie, (2) HRM und Organisation sowie (3) Geschäftsmodellentwicklung – im zentraleuropäischen Raum aufbauen (Abbildung 1).

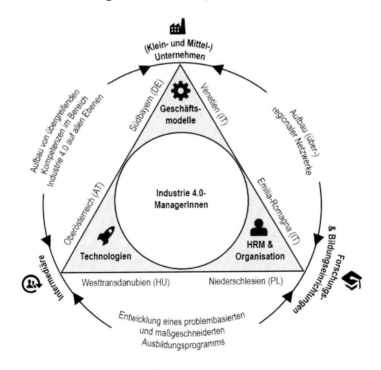

Abb. 1: Projektstruktur InnoPeer AVM

Herzstück dabei ist die gemeinsame Entwicklung eines Qualifizierungsprogramms für ManagerInnen in (Klein- und Mittel-) Unternehmen mit Konsortialpartnern aus technischen und betriebswirtschaftlichen höheren Forschungs- und Bildungseinrichtungen und Intermediären. Intermediäre unterstützen den Transfer von Wissen in Bezug auf Industrie 4.0 zwischen Forschung und Praxis und fungieren somit als „Mittler" zwischen Unternehmen und ForscherInnen. Durch die zielgerichtete Ausbildung der ManagerInnen werden nicht nur individuelle Kompetenzen aufgebaut, sondern durch die Anwendung des Gelernten auch die Industrie 4.0-Fitness der Unternehmen erhöht.

---

i InnoPeer AVM – Das Projekt   **Interreg** CENTRAL EUROPE · European Union European Regional Development Fund · **InnoPeer AVM**

Projektbudget: € 2.790.228,80

Projektdauer: Juli 2017 – Juni 2020

Fördergeber: European Regional Development Fund (ERDF)

Projektpartner:

- Oberösterreich (AT): Institut für Arbeitsforschung und Arbeitspolitik an der Johannes Kepler Universität Linz, Business Upper Austria – OÖ Wirtschaftsagentur
- Südbayern (DE): Cluster Mechatronik & Automation, Universität der Bundeswehr München (Institut für Entwicklung zukunftsfähiger Organisationen), Fraunhofer-Gesellschaft (Institut für Gießerei, Composite und Verarbeitungstechnik)
- Venetien (IT): Universität Padua (Institut für Technik und Management), Veneto Innovazione
- Emilia-Romagna (IT): Fondazione Democenter-Sipe
- Westtransdanubien (HU): Pannon Business Network, Universität Sopron
- Niederschlesien (PL): Technische Universität Wroclawska (Breslau)

Die Region Oberösterreich wird durch die Business Upper Austria und das Institut für Arbeitsforschung und Arbeitspolitik an der Johannes Kepler Universität vertreten. Das auf drei Jahre ausgelegte Projekt startete im Juli 2017 mit der Erhebung aktueller und zukünftig benötigter Kompetenzen im Bereich Industrie 4.0.

InnoPeer AVM – Erste Ergebnisse zu Zentraleuropas Industrie 4.0-Fitness[3]

Die ersten Erkenntnisse zu bestehenden und künftig benötigten Kompetenzen im Bereich Industrie 4.0 – als Basis für die Erstellung des Qualifizierungsprogramms – wurden mittels Analyse bereits bestehender Studien und ExpertInneninterviews in den sechs Partnerregionen erhoben. Konkret wurden die Dimensionen – (1) Technologien, (2) HRM & Organisationsgestaltung und (3) Geschäftsmodellentwicklung – in KMU, Bildungseinrichtungen sowie Intermediären untersucht. Um tiefere Einblicke in die Welt der KMU zu erlangen, wurden im ersten Halbjahr 2018 zusätzlich eine Onlineumfrage und Interviews mit UnternehmensvertreterInnen durchgeführt.

Mit diesem Untersuchungsdesign und der interdisziplinären Zusammenstellung des Projektkonsortiums begreifen wir Industrie 4.0 ganz bewusst als umfassendes Phänomen, gerade weil es lange Zeit als reines Technologiethema betrachtet wurde.[4] Studien zeigen, dass technologische Innovation unmittelbar mit dem Geschäftsmodell verbunden ist[5] und sowohl bei der Entwicklung von neuen Technologien, als auch bei der Schaffung von Unternehmenswert durch die Anwendung neuer Technologien, organisationale[6] und personelle[7] Rahmenbedingungen essentiell sind.[8] Zugleich bedarf es eines unterstützenden regionalen Ökosystems zur Umsetzung.[9] Diese Aspekte begleiten uns das ganze Projekt hindurch.

Unter der Dimension „Technologie" wurden die im Projekt definierten Industrie 4.0-Kerntechnologien (Internet der Dinge, Cloud Computing, Cyber-Security, Big Data, Advanced-Manufacturing-Lösungen, Additive Fertigung, Augmented Reality und Simulation) betrachtet. Unter der Dimension „HRM & Organisation" wurden die Aspekte Innovationsorientierung und -fähigkeiten von KMU, der Grad an Flexibilität von KMU-MitarbeiterInnen, die Präsenz und die Unterstützung von Führungskräften, interne Kollaboration, das Vorhandensein von Forschungs- und Entwicklungs- (F&E) Abteilungen und die Fähigkeit, externes Wissen zu integrieren, untersucht. Außerdem wurde die Ausprägung von ICT (Information and Communication Technology), IoT (Internet of Things) und mechanischen Kompetenzen bewertet. Unter der Dimension „Geschäftsmodellentwicklung" wurden Lean-Production-Ansätze, die Präsenz von neuen Systemen zum Geschäftsprozessmanagement und der Grad der Vernetzung und Kollaboration mit Kunden, Lieferanten und anderen Innovationspartnern untersucht.

Technologien in KMU. Insgesamt sind Oberösterreich (AT), Südbayern (DE) und Niederschlesien (PL) die stärksten Regionen hinsichtlich Industrie 4.0-Implementierung. Bei genauerer Betrachtung der einzelnen Technologien lässt sich feststellen, dass, wenngleich nur mit mäßiger Intensität, Advanced-Manufacturing-Lösungen sowie das Internet der Dinge die am meisten implementierten Industrie 4.0-Technologien in allen Partnerregionen sind. Additive Fertigung und Augmented Reality sind die am bislang wenigsten implementierten Technologien in den untersuchten Regionen. Insgesamt wird jedoch eine stärkere Anwendung von Industrie 4.0-Technologien in den nächsten Jahren erwartet.

HRM & Organisation in KMU. In allen Partnerregionen ergab die Analyse der Humanressourcen und anderer organisationaler Aspekte in KMU, dass die Innovationsorientierung von KMU bislang auf mittelhohem Niveau liegt. Ebenso liegen die weichen Faktoren wie interne Kollaboration, die Fähigkeit externes Wissen zu nutzen und der Support des Managements in allen Regionen auf mittelhohem Niveau. Bei der Flexibilität von MitarbeiterInnen in KMU weisen die Regionen Südbayern (DE), Venetien (IT) und Emilia-Romagna (IT) aktuell die höchsten Werte auf. KMU in Oberösterreich (AT) und Niederschlesien (PL) können derzeit nur eine mittlere MitarbeiterInnen-Flexibilität verzeichnen. Der Trend in allen Regionen ist aber, dass auch die Flexibilität der MitarbeiterInnen in KMU künftig ansteigen wird. Bei den harten Kompetenzen sind ICT-

Kompetenzen in allen Regionen etwas stärker ausgeprägt, außer in den Regionen Emilia-Romagna (IT) und Westtransdanubien (HU), wo mechanische Kompetenzen am stärksten ausgeprägt sind.

Geschäftsmodellentwicklung in KMU. Die Betrachtung der Dimension „Geschäftsmodellentwicklung" ergab, dass KMU in allen Partnerregionen eine mittlere Kompetenz in diesem Bereich aufweisen. So erreichen KMU ein mittleres Niveau bei der Implementierung von Lean-Production-Ansätzen. Vorreiter beim Management von Partnerschaften sind Emilia Romagna (IT) und Westtransdanubien (HU). Im Vergleich zu den anderen Regionen weist Westtransdanubien (HU) außerdem das höchste Maß in der Integration von Lieferanten- und Kundeninformationen auf. Weniger stark haben bislang neue Systeme des Geschäftsprozessmanagements Einzug in KMU gefunden. Der Grad der Vernetzung und Kollaboration unter KMU brachte die uneinheitlichsten Ergebnisse zwischen den Partnerregionen hervor. Während KMU in Oberösterreich (AT), Emilia-Romagna (IT) und Westtransdanubien (HU) eher hohe Grade an Vernetzung aufweisen, scheinen KMU in Südbayern (DE), Venetien (IT) und Niederschlesien (PL) noch etwas hinterherzuhinken. Sowohl bei der Implementierung von Lean-Production, als auch bei neuen Systemen des Geschäftsprozessmanagements und der Vernetzung von KMU wird ein genereller Bedarf zur Erhöhung dieser Aspekte in den nächsten Jahren regionsübergreifend gesehen.

Abbildung 2 gibt einen Überblick darüber, wie Industrie 4.0-Kompetenzen aktuell in Zentraleuropa verteilt sind und zeigt damit auch, für welche Regionen es besonders gewinnbringend sein kann, für die Weiterentwicklung ihrer Kompetenzen zusammenzuarbeiten.

Erkenntnisse aus dem Bildungs- und Forschungsbereich. Was die Implementierung von Industrie 4.0-Technologien im Bildungs- und Forschungsbereich anbelangt, so sind Oberösterreich (AT), Emilia-Romagna (IT) und Südbayern (DE) die zurzeit stärksten Regionen. Kurse, Kollaborationen mit Unternehmen, finanzierte Projekte, Publikationen, Konferenzen und Events, sowie andere Transferaktivitäten und Institute, die sich mit dem Thema Industrie 4.0 beschäftigen, sind zurzeit am stärksten im Bereich Technologie – besonders in Oberösterreich (AT) und Südbayern (DE) – vertreten, wobei Geschäftsmodellentwicklung in Oberösterreich (AT) und Niederschlesien (PL) dicht daran anschließt. Im Bereich HRM und Organisation besteht das meiste Potential, Industrie 4.0-Kompetenz aufzubauen. Die Vorreiterregionen sind hier Niederschlesien (PL), Emilia-Romagna (IT) und Südbayern (DE).

Generell ist regionsübergreifend festzustellen, dass Kompetenzen von Bildungsinstitutionen in Industrie 4.0-Technologien höher sind als in KMU. Der Mittelwert der Kompetenzen in KMU im Bereich HRM und Organisation ist generell höher als in Bildungseinrichtungen. Lediglich in Oberösterreich (AT), Niederschlesien (PL) und Südbayern (DE) sind die Kompetenzen gleich hoch. Bei Geschäftsmodellentwicklungen sind die Mittelwerte der Kompetenzen im Bildungsbereich in Oberösterreich (AT), Niederschlesien (PL) und Emilia-Romagna (IT) höher, in Südbayern (DE) gleich und in Venetien (IT) und Westtransdanubien (HU) niedriger als in KMU. Das impliziert, dass Transferaktivitäten zwischen KMU und Bildungseinrichtungen noch gezielter in diesen Bereichen forciert werden sollten.

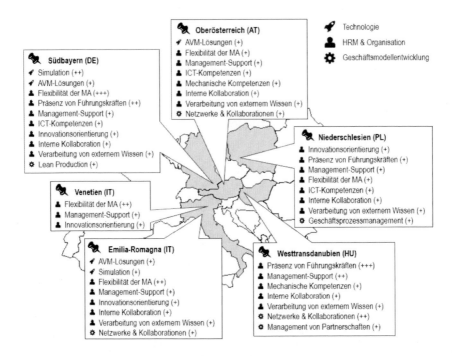

Abb. 2: Aktuelle Stärken zentraleuropäischer KMU in den Bereichen Technologie, HRM & Organisation und Geschäftsmodellentwicklung

InnoPeer AVM – Oberösterreich im Fokus

KMU. Generell wissen KMU in Oberösterreich über Industrie 4.0-Technologien Bescheid, haben aber, im Gegensatz zu Großunternehmen, den Eindruck, davon nicht profitieren zu können. Unterschiede zeigen sich in KMU mit Serienfertigung: hier ist die Einschätzung, dass neue Technologien effektiver genutzt werden können als in der Einzelfertigung. Die am stärksten genutzten Industrie 4.0-Technologien in oberösterreichischen KMU sind dabei AVM-Lösungen und das Internet der Dinge. Andere Technologien haben bislang nur begrenzt Einzug in KMU gefunden. Aufholbedarf gibt es auch bei der Implementierung von übergreifen-

„Die Kompetenzen sind da. Wir versuchen, sie zusammenzubringen."

den Produktionssystemen, da die meisten Industrie 4.0-Technologien bislang als „Stand-Alone"-Lösungen implementiert sind. Oberösterreichische KMU sind oft „Hidden Champions" und damit grundsätzlich innovationsstark. Jedoch sind die Mittel für F&E in KMU begrenzt. Obwohl die MitarbeiterInnen in KMU flexibler in der Adaptierung von neuen Technologien und der Entwicklung neuer Kompetenzen sind als in Großunternehmen, stehen viele vor der Problematik, neue, hochqualifizierte MitarbeiterInnen adäquat einzustellen und zu halten. Auch die Niederlassungen von KMU in oftmals peripheren Regionen erschwert, im Vergleich zu Großunternehmen, die Rekrutierung hochqualifizierter MitarbeiterInnen in technischen Bereichen. Diese werden allerdings benötigt, um beispielsweise neue Produktionsprozesse zu implementieren und weiterzuentwickeln. In der Produktionsprozessinnovation sehen jene Unternehmen nämlich den zentralen Treiber für die Realisierung von Effizienzgewinnen. Vor allem kleinere KMU hinken aber bei der Implementierung von neuen Systemen des Geschäftsprozessmanagements (z.B. Business Intelligence oder autonome Logistiksysteme) noch hinterher. Diese sind aber für den Vernetzungsaspekt von Industrie 4.0 besonders wichtig. Während sich größere Unternehmen oftmals in Kooperationsprojekten engagieren, setzen ManagerInnen von KMU eher auf den informellen Austausch bei Netzwerkevents oder auf Kollaborationen, die durch Zuliefertätigkeiten an Großunternehmen entstehen.

Bildungsinstitutionen. An oberösterreichischen Hochschulen (Johannes Kepler Universität, Fachhochschule Oberösterreich, LIMAK Austrian Business School) gibt es bereits mehrere Initiativen, um Industrie 4.0-Themen und Inhalte abzudecken. Das LIT Factory[10] (Pilotfabrik für Industrie 4.0) an der Johannes Kepler Universität, sowie das „Institute for Smart Production"[11] im interdisziplinären „Center of Excellence" an der Fachhochschule Oberösterreich fungieren als Stabstellen für Industrie 4.0-Forschung. Festzustellen ist, dass, während die technischen Fakultäten verstärkt Industrie 4.0-Technologien erforschen und anwenden, Managementinstitute erst begonnen haben, sich mit der Thematik auseinandersetzen. Während Industrie 4.0-Themen früher in bestehende Ausbildungsinhalte und -formate integriert wurden, werden jetzt vermehrt Studiengänge und Kurse (sowohl an der JKU, der FHOÖ als auch an der LIMAK Austrian Business School) angeboten, die dezidiert die Bereiche HRM & Organisation und Geschäftsmodellinnovationen im Rahmen des Industrie 4.0-Konzeptes ansprechen. Außerdem finden sich an der JKU nicht nur geförderte Forschungsprojekte im Bereich Technologie, sondern auch interdisziplinäre Projekte.

Intermediäre. Das Land Oberösterreich hat sich dem Thema Industrie 4.0 nicht nur im Rahmen des strategischen Programms 2020 sondern auch mit einer eigenen „Smart Specialization Strategy" verschrieben. Hier gibt es Fördermöglichkeiten für Kooperationsprojekte, Innovationsprojekte und spezifische Ausschreibungen. Die Clusterzusammenschlüsse im Rahmen der Business Upper Austria (mit 85% KMU-Anteil) verwalten teilweise diese Förderprogramme und beraten ihre Mitglieder im Bereich Förderungen. Sie organisieren aber auch Symposien, Workshops, Betriebsbesichtigungen und Weiterbildungsseminare. Die Wirtschaftskammer unterstützt KMU besonders durch Initiativen wie den „Digitalisierungskompass" [12], eine Cyber-Security-Hotline und verschiedene Förderprogramme. Besondere Unterstützung für KMU gibt es seit Ende 2017 im Rahmen von „KMU digital" [13]. Die Industriellenvereinigung hat sich vor allem dem Thema der Humanressourcen verschrieben, indem die Kooperation zwischen Bildungseinrichtungen und Industrieunternehmen sowie die Verstärkung des Ausbildungsangebots hinsichtlich Industrie 4.0 in den MINT-Fächern (Mathematik, Informatik, Naturwissenschaft und Technik) forciert werden.

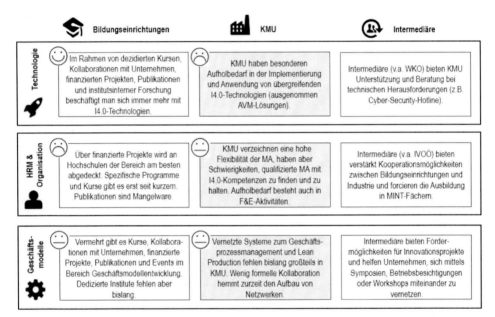

Abb. 3: Kompetenzeinschätzung oberösterreichischer KMU, Bildungseinrichtungen und Intermediäre in den Bereichen Technologie, HRM & Organisation und Geschäftsmodellentwicklung

Abbildung 3 gibt einen Überblick über die Stärken und Schwächen oberösterreichischer Akteure (d.h. KMU, Hochschulen und Intermediäre) in den jeweiligen Industrie 4.0-Dimensionen und zeigt damit Kooperationsmöglichkeiten zur Kompetenzentwicklung auf. Vor allem zwischen den drei Bereichen innerhalb der Hochschulen könnte ein stärkerer Wissenstransfer helfen, die anderen Bereiche zu entwickeln. Außerdem sollte die Abstimmung und der Transfer zwischen Hochschulen und KMU forciert werden.

Industrie 4.0 gemeinsam gestalten – Angebote für Unternehmen, Bildungs- und Forschungseinrichtungen und Intermediäre im Rahmen des Projekts

Die hier präsentierten Ergebnisse sind erst der Start des Projekts und der Ausgangspunkt für die gemeinsame Entwicklung eines Qualifizierungsprogramms für ManagerInnen. Wir laden Unternehmen, Bildungs- und Forschungseinrichtungen und Intermediäre aus der Region ein, durch die in der Infobox am Ende des Beitrags genannten Aktionen Teil des InnoPeer AVM Projekts zu werden. InnoPeer AVM ist damit – vor allem für KMU – der Beginn einer einzigartigen Chance, Teil einer Industrie 4.0-Community in Zentraleuropa zu werden, Best Practices im Bereich Industrie 4.0 kennenzulernen und an der Pilotierung des von der Europäischen Kommission finanzierten Qualifizierungsprogramms (Abbildung 4) teilzunehmen.

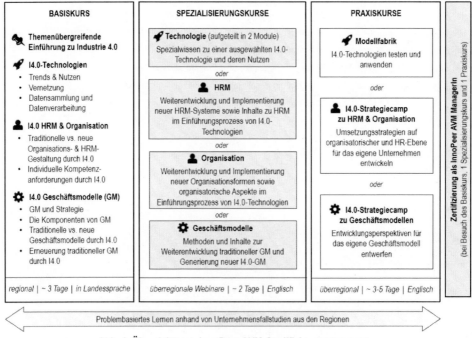

Abb. 4: Übersicht zum InnoPeer AVM-Qualifizierungsprogramm

Das Qualifizierungsprogramm ermöglicht den Austausch und die Kooperation der Unternehmen innerhalb und zwischen Projektregionen und die Vernetzung zu ExpertInnen in den Bereichen Industrie 4.0-Technologien, HRM & Organisationsgestaltung und Geschäftsmodellentwicklung. Es bietet die Möglichkeit zur Analyse der eigenen Industrie 4.0-Fitness in den drei Themenbereichen und das Arbeiten an der Weiterentwicklung des eigenen Unternehmens. Das wird durch das Kennenlernen von Best-Practice-Beispielen aus den Projektregionen, die aktuell erhoben werden und als Fallstudien für die Trainingsmodule aufbereitet werden, sowie durch das Kennenlernen und Anwenden von Methoden zum Umgang mit den unternehmenseigenen Herausforderungen, gefördert. Der modulare Aufbau des Programms ermöglicht maximale Flexibilität, da sich die TeilnehmerInnen je nach Interesse spezialisieren können. TeilnehmerInnen der kompletten Schulungsreihe schließen als zertifizierte „InnoPeer-AVM-ManagerInnen" ab.

InnoPeer AVM – Teilnahmemöglichkeiten für Stakeholder

Produzierende Unternehmen:
- Kostenlose Teilnahme an der Pilotierung des Ausbildungsprogramms (inkl. Nutzung der Lernplattform) ab Herbst 2018
- Anonymisierte oder namentliche Präsentation Ihres Industrie 4.0-Projekts auf der Lernplattform bzw. im Handbuch

Unternehmen, Bildungs- & Forschungseinrichtungen und Intermediäre:
- Verwendung des Handbuchs zur I4.0-Umsetzung ab Juni 2020
- Start einer strategischen Partnerschaft (z.B. gemeinsame Veranstaltungen)
- Teilnahme an regionalen Workshops und Konferenzen

Informationen über aktuelle Projektaktionen unter:
- 🌐 www.interreg-central.eu/Content.Node/InnoPeerAVM.html
- f www.facebook.com/InnoPeer-AVM-142695166341360/
- 🐦 twitter.com/InnoPeerAVM
- in www.linkedin.com/in/innopeer-avm-94392014b/

Literatur

[1] vgl. dazu beispielsweise Wischmann, S., Wangler, L. & Bottholf , A. 2015. Autonomik Industrie 4.0, Volks- und betriebswirtschaftliche Faktoren für den Standort Deutschland. Eine Studie im Rahmen der Begleitforschung zum Technologieprogramm AUTONOMIK für Industrie 4.0, Berlin, http://www.bmwi.de/BMWi/Redaktion/PDF/F/industrie-4-0-volks-und_20betriebswirtschaftliche-faktoren-deutschland,property=pdf,bereich=bmwi2012,sprache=de,rwb=true.pdf (30.01.2018).

[2] Schröder, C. 2017. Herausforderungen von Industrie 4.0 für den Mittelstand. Ein Projekt der Friedrich-Ebert-Stiftung in den Jahren 2015-2017, Bonn. http://library.fes.de/pdf-files/wiso/12277.pdf (30.01.2018).

[3] Die Daten auf denen die Darstellung der Ergebnisse basiert, wurden von den InnoPeer AVM Projektpartnern in der jeweiligen Region erhoben. Lara Agostini und Anna Nosella (Universität Padua) haben diese Ergebnisse in Form von Berichten zusammengefasst und in englischer Sprache verschriftlicht. Die Präsentation unserer Ergebnisse stützt sich zentral auf diese Berichte.

[4] Güttel, W.H., Gschwandtner, J. & Gschwandtner, A. 2016. Die inkrementelle Revolution. Industrie 4.0 bei technosert electronic. Austrian Management Review, 6: 84-97.

[5] Summereder, S., Kreiseder, T. & Stöger, J. 2017. Digital Economy. Eine Studie herausgegeben von LIMAK.INSPIRE, https://www.limak.at/inspire/in-spire-paper/in-spire-paper-digital-economy/ (28.02.2018); Baden-Fuller, C. & Haefliger, S. 2013. Business Models and Technological Innovation. Long Range Planning, 46(6): 419-426.

[6] Reischauer, G. 2015. Industrie 4.0 organisieren. Ansätze zur Gestaltung der formalen und informalen Organisation. Zeitschrift für Führung und Organisation 84: 271-277.

[7] Heijltjes, M. 2000. Advanced Manufacturing Technologies and HRM Policies. Findings from Chemical and Food and Drink Companies in the Netherlands and Great Britain. Organization Studies, 21(4): 775-805.

[8] Hasenzagl, R. & Link, K. 2016. Industrie 4.0: Managementmode oder Dresscode? Austrian Management Review, 6: 67-75.

[9] Elias, B., Pöchhacker-Tröscher, G. & Scherk, J. 2014. OÖ. Strategie für KMU und Familienunternehmen 2030. Eine Studie im Auftrag der Academia Superior. http://www.academia-superior.at/uploads/tx_news/2014_Studie_KMU_und_Familienunternehmen_OOE_2030.pdf (28.02.2018).

[10] JKU 2018. LIT Factory. https://www.jku.at/linz-institute-of-technology/forschung/open-innovation-center/lit-factory/ (28.02.2018).

[11] FH Oberösterreich 2018. Center of Excellence for Smart Production. https://forschung.fh-ooe.at/institut-fuer-intelligente-produktion/center-of-excellence-for-smart-production/ (28.02.2018).

[12] Wirtschaftskammer Oberösterreich 2017. Digitalisierungskompass. https://www.wkdigitalisierungskompass.at/ (28.02.2018).

[13] Wirtschaftskammer Oberösterreich 2018. KMU DIGITAL. https://www.wko.at/Content.Node/kampagnen/KMU-digital/index.html (28.02.2018).

Angaben zu den Autorinnen

Mag.[a] Nina Gusenleitner, MSc ist wissenschaftliche Mitarbeiterin am Institut für Arbeitsforschung und Arbeitspolitik an der JKU Linz. Zuvor studierte sie Wirtschaftswissenschaften und General Management an der Universität Linz, wo sie zurzeit auch das Doktorat in Sozial- und Wirtschaftswissenschaften verfolgt. Ihr Forschungsschwerpunkt liegt in Veränderungsmanagement und Ambidextrie.

Dr.[in] Irina Koprax ist wissenschaftliche Projektleiterin für das InnoPeer AVM Projekt am Institut für Arbeitsforschung und Arbeitspolitik an der JKU Linz. Sie ist außerdem Postdoc am Institut für strategisches Management, Marketing & Tourismus an der Universität Innsbruck. In Forschung und Lehre beschäftigt sie sich mit Unternehmenswandel an der Schnittstelle zwischen Strategie und Organisation.

Bernhard Winkler

Geschäftsführender Gesellschafter
TRESCON Betriebsberatungs-
ges.m.b.H., Linz
linz@trescon.at

Wolfgang H. Güttel

Universitätsprofessor
am Institute of Human Resource &
Change Management, Johannes Kepler
Universität (JKU)
wolfgang.guettel@jku.at

Managing Change @ TRESCON

Einblicke in einen spannenden Veränderungsprozess

Wolfgang Güttel: TRESCON hat in den letzten Jahren einen substanziellen Veränderungsprozess durchgeführt. Könntest du uns einen Überblick über die Gründe und Eckpunkte des Wandelprozesses geben?

Bernhard Winkler: Zuerst haben wir uns als „klassisches" Personalberatungsunternehmen eine zentrale Frage gestellt: Welche Lebenserwartung haben eigentümergeführte Unternehmens- oder Personalberatungsunternehmen üblicher Weise? Meist jene ihrer Gründer, vielleicht auch noch die einer 2. Generation. TRESCON steht am Beginn der 3. Generation und hat unserer Meinung das Potenzial, nicht nur sehr alt, sondern noch erfolgreicher wie in der Vergangenheit zu werden. Allerdings mussten bzw. müssen wir dazu einiges tun.

TRESCON war und ist zu jeder Zeit Trendsetter und Vorreiter: vor 20 bis 30 Jahren waren das unter anderem die Einführung des Assessment-Centers in Oberösterreich oder die Entwicklung des „Goldfisch- Teiches" bei einem sehr erfolgreichen OÖ. Industrie-Betrieb; heute profilieren wir uns mit Active Sourcing, der Entwicklung einer eigenen SaaS (Software as a Service) - Lösung für den öffentlichen Bereich, RPO (Recruitment Process Outsourcing), etc.

Kompetenzvision 2020 und 2022

2014 entwickelten wir unsere „TRESCON- Kompetenzvision 2020 für Personalberatung 4.0", in deren Zentrum die Frage stand: Was wollen bzw. müssen wir 2020 für unsere Kundinnen und Kunden können? Als Leitidee zur Beantwortung dieser Frage diente TRESCON das RPO- Modell „Recruitment Process Outsourcing". Dazu kombinierten wir innovative Ideen zu Dienstleistungen/Produkte sowie spezifische Kundengruppen bzw.

Branchen. Ziel war es unter anderem, künftig nicht mehr bloß „Innovativer Optimierer" zu sein, sondern „Proaktiver Innovator" zu werden.

1. Know-how: Weiterentwicklung und Qualifizierung aller Mitarbeiterinnen und Mitarbeiter, externe Akquisition von Schlüsselpersonen, Steigerung der Innovationskompetenz bzw. -fähigkeit (vom „innovativen Optimierer" zum „proaktiven Innovator").

2. Technologie: Der geplante TechnoKick 2016 (TK16) ist so zu verstehen wie die physische Übersiedlung eines Unternehmens; am Ende steht das Beziehen völlig neuer virtueller „Räume", in denen Personalberatung 4.0 gelebt werden kann. Kernelemente unseres TK16 sind: ERP-HR, WEB-Page(es), Infrastruktur und Sicherheit, Coole Tools sowie als Klammerfunktion die TRESCON- Marke.

3. Kooperation: Wir müssen nicht alles selbst machen, sondern wir ergänzen und stärken uns durch markenidente TRESCON- Niederlassungen und Unternehmen im In- und Ausland, das weltweit agierende Partnernetzwerk CFR Global Executive Search, die Kooperation mit Universitäten, Fachhochschulen und sonstige F&E- Organisationen sowie die Zusammenarbeit mit supplementären Beratungs- und Dienstleistungsunternehmen.

Seit 2015 findet jährlich ein Visionstag mit allen MitarbeiterInnen statt, deren Themen bisher waren:

- Startup- Mentalität für etablierte Unternehmen - wie können wir uns durch Innovation neu erfinden?
- Exzellentes Dienstleistungsdesign und Kompetenzvision 2020
- Kompetenz- und Digitialisierungsvision 2022

Unsere TRESCON-Kompetenz- und Digitalisierungsvision 2022 ist,

dass wir durch intelligente Digitalisierung Neues erfolgreich ausprobieren & implementieren und damit unsere Kundinnen und Kunden begeistern und noch erfolgreicher machen.

Wir sind Dienstleisterinnen und Dienstleister, Partnerinnen und Partner, Expertinnen und Experten, Vorreiterinnen und Vorreiter, Sparringpartnerinnen und -partner, Coaches und Sprungbrett. Damit sind wir first class, high performing-Personalberaterinnen und -berater, und durch unsere Kunden die Nr. 1 im Markt-Segment. Unsere Ausstrahlung ist Kompetenz, Modernität, Professionalität, Innovation, Selbstbewusstsein und Internationalität.

Wolfgang Güttel: Das sind sehr ambitionierte Vorstellungen von der Zukunft. Wie habt ihr (bzw. hat TRESCON) dieses Zukunftsbild im Detail erarbeitet? Wer hat welche Rolle eingenommen, denn gerade bei Familienunternehmen ist die Vermischung aus familiärer und ökonomischer Logik meistens eine große Herausforderung?

Bernhard Winkler: Vorneweg gleich eine wichtige Klarstellung: auch wenn wir von Generationen sprechen sind wir kein klassisches Familienunternehmen; der bereits verstorbene Gründer Mag. Oskar Aistleitner und wir als neue Eigentümer sind nicht miteinander verwandt; für uns ist aber in unserem eigentümergeführten Unternehmen dieses Generationendenken sehr wichtig, um immer wieder rechtzeitig die Nachfolge zu regeln. Dr. Reinhold Klinger kann als Generation 1+2 bezeichnet werden, ich als 2+3 und Mag. Bertram Klinger (der Neffe von Reinhold Klinger) als Eigentümer der 3. Generation. Somit wird es in den nächsten Jahren wichtig sein, zusätzlich einen weiteren geschäftsführenden Gesellschafter bzw. eine Gesellschafterin der 3. Generation zu gewinnen.

Anders als bei anderen Unternehmen haben wir den Übergang von Gesellschafteranteilen auch preislich genau geregelt; damit ist sichergestellt, dass es nicht zu unrealistischen Preisvorstellungen eines ausscheidenden Gesellschafters bzw. einer ausscheidenden Gesellschafterin kommen kann und umgekehrt die Beteiligung am Unternehmen zu vernünftigen Konditionen möglich ist- das erleichtert die Sicherstellung der Nachfolge. Es gibt auch noch eine ganz wichtige Regel bei TRESCON: nur wer aktiv im Unternehmen mitarbeitet, kann auch Gesellschafter des Unternehmens sein.

Unseren Visions- und Strategieprozess haben wir mit einem Teamworkshop im April 2015 gestartet, wobei wir natürlich verschiedene Vorbereitungsarbeiten geleistet haben. Eine ganz wichtige war der TRESCON Innovationscheck durch alle MitarbeiterInnen, bei dem wir das Tool von INNOLYTICS genutzt haben.

https://www.innolytics.de/expertise/innolytics-team/

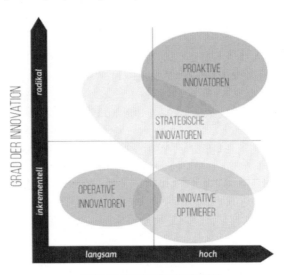

Abb. 2: Trescon Innovationscheck

Damit konnten wir sehr gut visualisieren, wo wir damals standen und wo wir in der Zukunft hinwollen.

Wir haben uns in diesem Workshop sehr intensiv mit spannenden Aussagen zur Zukunft auseinandergesetzt:

- „Die Zukunft der Beratungsunternehmen…" „…andere verschließen die Augen vor den Veränderungen - auf diese Weise werden sie es allerdings kaum schaffen, ihre Organisation in die Zukunft zu retten."[1]
- „Theorie der Disruption – welche Kräfte lösen Veränderungen aus, wie wirken sie?" „Vertraute Muster der Disruption sind: Neue Wettbewerber treten mit neuen Geschäftsmodellen auf, die die Position der langjährigen Platzhirsche untergraben."[2]
- „Sind wir als TRESCON selbst Disruptor oder reagieren wir auf Disruption?"
- „Der Wandel wird sich weiter beschleunigen – für Dienstleister, die dabei nicht mithalten können, hat das verheerende Folgen." „Sie sollten sich selbst eine Frage stellen: Verändert sich Ihre Firma mindestens so schnell, wie Ihre anspruchsvollsten Kunden?"[3]
- „Digitaler Darwinismus – der stille Angriff auf Ihr Geschäftsmodell."[4] „Wie in der Evolution gibt es auch im digitalen Darwinismus „adapt or die" oder „survival of the fittest". Digitaler Darwinismus tritt immer auf, wenn Technologie und Gesellschaft sich schneller verändern, als Organisationen fähig sind, sich anzupassen."
- „Digitaler Darwinismus – sind wir als TRESCON Angegriffene oder Angreifer?"
- „Der Rekrutierungsaufwand hat sich massiv erhöht. Die Anforderungen im Beschäftigungszyklus Personal verschieben sich in Richtung MitarbeiterInnen-GEWINNUNG und –BINDUNG." „Statt einer selektiven und reaktiven Auswahl ist aktive Suche mit schnellen und agilen Entscheidungsprozessen gefordert."[5]
- „Verdrängen Innovationsmanagerinnen und -manager Personalchefs?" „…welches Problem hätte der Geschäftsführer, wenn es die Personalabteilung nicht mehr gäbe? Lohnabrechnung, Rechtsberatung – diese Services könnten zugekauft werden."[6]
- „Der US-Recruiting-Markt hat in den letzten 4 Jahren aufgrund des Social Webs eine völlige Neugestaltung angenommen. Unternehmen betreiben selbst viel aktiver und durch Gesetze ungebremst Active Sourcing. Konsequenterweise sanken die Budgets und Ausgaben der Unternehmen für Personaldienstleister jahrelang." „Nun steigen die Zahlen wieder, allerdings gibt es bei den Personaldienstleister nur einen Gewinnertyp: Die sogenannten RPO-Unternehmen!"[7]
- „Corporate Journey – vom/von der klassischen Personalberaterin bzw. dem Personalberater zum/zur innovativen HR-Dienstleisterin bzw. Dienstleister."

Am konkreten Referenzmodell Recruitment Process Outsourcing (RPO) wurde allen Mitarbeiterinnen und Mitarbeitern sehr rasch klar, wo TRESCON einerseits interessante Zukunftsperspektiven, andererseits aber auch dringenden Handlungsbedarf zur Absicherung der Existenz(berechtigung) hat. Zur Konkretisierung unserer 2015 formulierten „Kompetenzvision 2020" haben wir dann das Programm „TechnoKick 2016" mit mehreren Projekten entwickelt.

Wolfgang Güttel: Ich bin beeindruckt von eurer Auseinandersetzung mit Zukunftsthemen! Vielleicht könntest du die Eckpunkte eurer Zukunftsperspektiven beschreiben und dann einen Einblick geben, mit welchen Initiativen ihr die Vision nun konkret in die Umsetzung gebracht habt?

Bernhard Winkler: Strategisch streben wir zusätzlich zu unserer Zukunftsfitness eine stärkere Ausgewogenheit unserer Geschäftsfelder bzw. unseres Geschäftsverlaufs an.

Unsere Leistungsfelder gliedern sich aktuell in

- Führungskräfte und Spezialistinnen bzw. Spezialisten finden
- Recruitment Process Outsourcing (RPO)
- Unternehmensperformance steigern
- Management stärken
- Eigentümer, Aufsichtsräte und Stiftungsvorstände beraten/besetzen

Dominant ist hier das Geschäftsfeld „Führungskräfte und Spezialistinnen bzw. Spezialisten" finden, also die klassische Personalsuche mit modernen Methoden. Damit hängen wir aber auch stark an den Konjunkturzyklen der Wirtschaft insgesamt, wovon wir uns aber etwas entkoppeln wollen; dafür ist es aber notwendig, stabilere und mittelfristig wenig schwankende Leistungsbereiche aufzubauen. Wir haben daher im kommunalen Bereich eine Software as a Service (SaaS)- Lösung entwickelt, mit der wir einen Großteil unseres Know-hows und unserer Beratungskompetenz digitalisiert haben; gemeinsam mit 2 Partnerunternehmen haben wir am 26.06.2018 die KOMMUNOS GmbH gegründet und werden damit im gesamten deutschsprachigen Raum tätig sein. Auch unser RPO (Recruitment Process Outsourcing)- Modell ist auf zumindest jährliche Verträge ausgelegt, einen RPO-Kunden betreuen wir mittlerweile bereits das 3. Jahr. Im Mai 2018 konnten wir unser TRESCON TestCenter eröffnen, in dem wir kompetenzfokussierte Eignungsdiagnostik für Auswahl, Entwicklung und Coaching anbieten- und das mit Partnern österreichweit. Wichtig ist für uns auch unser Business Partners- Modell, mit dem es uns gelingt, für unsere Kundinnen und Kunden neue Produkte und Dienstleistungen zu entwickeln und professionell anzubieten; Beispiele dafür sind die Zusammenarbeit mit TEAMECHO, dem KONFLIKTNAVIGATOR oder die Fachhochschulen Oberösterreich bei GLOBAL TALENTS; aktuell sind wir bei 2 weiteren Themen dran, die wir vielleicht schon im Herbst 2018 realisieren können.

Mit unserem Programm „TechnoKick 2016 (TK16)" und dem Kick-off-Workshop am 09.09.2015 haben wir den wesentlichen Grundstein für unsere dynamische Veränderung gelegt. Parallel zu den Projekten ERP/HR, Coole Tools, Marke TRESCON, Homepage und Infrastruktur/Sicherheit arbeiteten wir mit Unterstützung eines externen Experten auch an unserer IT- Strategie, um eine mittel- bis langfristige Roadmap für unsere Digitalisierung zu entwickeln. Wesentliche Ergebnisse des TK16, die vor allem 2016 und 2017 realisiert werden konnten, sind:

- Neuer Markenauftritt von TRESCON mit moderner Website und dynamischen Landingpages (TRESCON Internet- Welten)
- Evaluierung, Entscheidung und Implementierung eines neuen ERP/HR- Systems (DSGVO konform und rechtssicher)
- Etablierung einer eigenen TRESCON Cloud
- Modernisierung der gesamten IT- Infrastruktur sowohl Server- als auch Client-seitig, laufende Implementierung neuer bzw. Aktualisierung bestehender Apps
- Kooperationsvereinbarungen mit mehreren Business Partners
- Konzeption und Umsetzung des TRESCON TestCenters
- Entwicklung einer SaaS (Software as a Service)-Lösung für den kommunalen Bereich in der DACH- Region (Vertriebsstart von KOMMUNOS wird mit 09/2018 erfolgen)
- Etablierung regelmäßiger IT Micro- Trainings für das TRESCON- Team

Wolfgang Güttel: Wie haben Mitarbeiter und Kunden auf diese Veränderungen reagiert bzw. was haben Sie davon bemerkt?

Bernhard Winkler: Während bei den Kundinnen und Kunden erste (sehr positive) Reaktionen und Feedbacks erst nach Sichtbarwerden bzw. Kommunikation der Ergebnisse unserer Veränderung registriert wurden, war das im TRESCON- Team ganz anders: wir haben verschiedene Phasen erlebt- von einer sehr positiven Aufbruchsstimmung bis zu Verunsicherung, Aufregung und teilweise auch Demotivation; die jetzige Phase möchte ich als positive Konsolidierung beschreiben, da die Sinnhaftigkeit und Richtigkeit unseres Wandels für alle MitarbeiterInnen nicht nur nachvollziehbar ist, sondern auch die positiven Ergebnisse spürbar sind.

Die Kundinnen und Kunden haben sicherlich als erstes unseren neuen Markenauftritt, unsere moderne und userfreundliche Website sowie unsere inhaltlich und gestalterisch gut aufgemachten Newsletter bemerkt; umgekehrt sehen wir auch, dass wir durch unseren professionellen WEB- Auftritt immer öfter als Personalberater von neuen potentiellen Kunden „gefunden" und angefragt werden. Etwas zögerlicher finde ich die Reaktion zu unserer Kompetenz im Themenfeld HR- Digitalisierung, da fällt unsere Teamgröße sicherlich schon mehr auf. Für uns sind ja auch die Bewerberinnen und Bewerber sowie Kandidatinnen und Kandidaten Kunden - hier bekommen wir immer wieder positive Reaktionen zu unseren userfreundlichen und niederschwelligen Bewerbungsmöglichkeiten- Stichwort „One Click - Bewerbung". Auch die räumliche Erweiterung mit moderner Gestaltung und innovativer Infrastruktur fällt auf.

Stichwort Erweiterung unserer Büroräume: „Räume schaffen Wirklichkeit" ist nicht nur bloß so dahingesagt, sondern weist darauf hin, dass plötzlich eine Veränderung der bisher geübten und internalisierten Realität passiert- und genau das ist auch bei uns eingetreten; plötzlich verändern sich gewohnte Abläufe, Planungsroutinen, Notwendigkeiten in der Abstimmung und Kommunikation, etc. Es müssen neue Hard- und Software angeschafft werden und die Benutzung unseres Smartboards im „Creative Room" trainiert werden.

„Die Verdoppelung unserer Belegschaft in den letzten 2-3 Jahren bringt nicht nur Mehrwert hinsichtlich Ressourcen und Kompetenzen, sondern auch neue Herausforderungen in Bezug auf Unternehmenswerte und Kultur

Plötzlich irritieren neue Verhaltensweisen und Sichtweisen das „Stammpersonal", auch die Geschäftsführung hat für den oder die Einzelne/n gefühlt weniger Zeit. TRESCON wurde definitiv bunter und vielfältiger und auch die Ergebnisse in dem von uns eingesetzten Stimmungsbarometer „Teamecho" zeigen dieses Auf und Ab.

Wolfgang Güttel: Wo steht ihr nun konkret und welche Erfolgsgeheimnisse kannst du aus eurem Changeprozess generell ableiten?

Bernhard Winkler: Zur eigenen aktuellen Standortbestimmung ziehe ich das Modell der deutschen Initiative „Mittelstand 4.0- Digitale Produktions- und Arbeitsprozesse" zur Ermittlung des digitalen Reifegrads als Unternehmen heran. Durch die Bewertung von 6 Dimensionen- MitarbeiterInnen, Unternehmenskultur, Technologien, Kundenerlebnis, Leadership und Strategie - kann man feststellen, wo man als Unternehmen steht; ist man „Digitaler Anfänger", „Digitaler Intermediär", „Digital Fortgeschrittener" oder schon „Digitaler Experte". Ich persönlich schätze uns mittlerweile schon als digital fortgeschrittenes Unternehmen ein, da wir nicht nur mehrere Projekte bereits implementiert, sondern Digitalisierung auch in unserer Strategie festgeschrieben haben. Darüber hinaus ist es uns bereits gelungen, erste neue digitale Geschäftsmodelle zu entwickeln und zu implementieren. Ich empfinde das als wirklichen Erfolg, da unsere ursprüngliche Ausgangsbasis die eines digitalen Anfängers war.

Sicher ist nur, dass wir noch nicht am Ziel sind und es überhaupt fraglich ist, ob wir ein Ende unseres Wandels erwarten können oder anstreben sollen, denn: Permanent Change- Das einzig Beständige ist der Wandel!

Bernhard Winkler, Wolfgang H. Güttel

ℹ TRESCON Erfolgsgeheimnisse

Unsere „Erfolgsgeheimnisse" sind recht offensichtlich- man muss nur daran denken und sie auch konsequent einsetzen:

- Für ausreichend Ressourcen sorgen: Wir haben eine eigene Projekt- und Prozessmanagerin eingestellt, die der zentrale Dreh- und Angelpunkt unserer vielfältigen Aktivitäten wurde („Change Agent"); wichtig war es, die Ressourcenauslastung der in den Projekten involvierten Mitarbeiterinnen und Mitarbeiter zu steuern- eine permanente Herausforderung!

- Einbeziehung aller MitarbeiterInnen, laufende Kommunikation und „Auszeiten" für das Team, um sich voll auf den Changeprozess fokussieren zu können: dazu haben wir sowohl eigene Projektstatus- Meetings mit allen Mitarbeiterinnen und Mitarbeitern gemacht aber genauso immer wieder im wöchentlichen Jour fixe über wichtige Entwicklungen informiert; im Frühjahr gibt es regelmäßig einen 1,5- tägigen Teamworkshop und im Herbst den eintägigen Visionstag.

- Monitoring der Stimmung und des Klimas im Unternehmen: durch die Nutzung des agilen Feedback-Tools TEAMECHO erhalten wir laufend wichtige Informationen zur Stimmung und zur Zufriedenheit im TRESCON- Team; so können wir rechtzeitig auf relevante Veränderungen und Feedbacks reagieren, mit den Ereignis-Markern können wir unsere Interventionen oder Maßnahmen festhalten und überprüfen, wie sich die Stimmung danach entwickelt.

- Entscheidungen nachvollziehbar machen und konsequent umsetzen: nicht alle Veränderungen und Entscheidungen sind für alle MitarbeiterInnen gleichermaßen positiv und erwünscht; in jedem Fall ist es wichtig, Entscheidungen transparent und nachvollziehbar zu machen und so zumindest eine Akzeptanzbasis zu schaffen; ebenso wichtig ist es aber, auch bei Gegenwind gut überlegte Entscheidungen konsequent umzusetzen.

- Die innere Haltung unserer MitarbeiterInnen zur Veränderung („TRESCON- Gen")

- Positives Feedback unserer Kundinnen und Kunden als Motivation und Unterstützung

- Zähne zusammenbeißen und durchhalten- auch wenn der notwendige Einsatz und Zeitaufwand zeitweise mehr als „sportlich" ist

- Und nicht zuletzt unsere eigene Geschäftsführer- Rolle als „Change Leaders", in der wir den Veränderungsprozess sowohl treiben als auch unterstützen

Literatur

[1] Harvard Business Manager 11/2013
[2] Harvard Business Manager 11/2013
[3] Harvard Business Manager 11/2013
[4] Karl-Heinz Land
[5] Workforce Management 2012: Recruitment Process Outsourcing / RPO im Fokus
[6] OÖN, 27.09.2014
[7] intercessio, 07/2014

Wolfgang H. Güttel

Universitätsprofessor
am Institute of Human Resource &
Change Management, Johannes Kepler
Universität (JKU) sowie Vorstandsmit-
glied der Austrian Academy of Management & Leadership
wolfgang.guettel@jku.at

Stephan M. Klinger

Bereichsleiter „Legal & Compliance"
der Volksbank Wien AG sowie Vor-
standsmitglied der Austrian Academy
of Management & Leadership
stephan.klinger@wu.ac.at

René Voglmayr

Leitung Akademische Programme,
LIMAK Austrian Business School
GmbH
rene.voglmayr@limak.jku.at

Diskussionsimpulse zu Wissen in Praxis und Theorie: Die Austrian Academy of Management & Leadership

Ein Gespräch unter Gründervätern

Stephan Klinger: Zum Start eine empirische Beobachtung: bei meinen Lehrtätigkeiten im MBA-Bereich habe ich oft den Eindruck gewonnen, dass sich „gestandene Praktiker", die in ihren Kompetenzbereichen enormes praktisches Wissen aufgebaut haben und damit ihre Berufswelt in beeindruckender Weise bewältigend gestalten, zu Beginn meist neugierig in anders strukturierte akademische Wissensräume einarbeiten, um am Ende dann das MBA-Zertifikat stolz im Büro aufhängen zu können. Habe ich da einen Veredelungsprozess in eine höhere (akademische) Wissenssphäre beobachtet?

René Voglmayr: Ich würde sogar noch einen Schritt weiter gehen. Gerade die Kombination von langjähriger beruflicher Erfahrung und akademischem Wissen ermöglicht es für die täglichen Herausforderungen auf ein neues Level zu steigen. Das betrifft sowohl Management- als auch Leadership-Fähigkeiten, die in MBA Programmen obligatorisch gelehrt und weiterentwickelt werden. Meine Intuition wäre, dass das langjährig erworbene Bauchgefühl, die aufgebauten und erprobten Führungs- und Managementfähigkeiten, durch die wissenschaftlich analytische Herangehensweise mit „bewährten Werkzeugen" in strukturierte Bahnen gebracht und somit auch bewusst gemacht werden. Dadurch können sie auch effektiver in verschiedenen Situationen eingesetzt werden.

„Für Manager gibt es drei unterschiedliche Formen der Logik in der praktischen Entscheidungsfindung: induktiv, deduktiv oder abduktiv"

Wolfgang Güttel: Das hängt vielleicht damit zusammen, dass es für Manager intuitiv drei unterschiedliche Formen der Logik in der praktischen Entscheidungsfindung gibt, deren Potenziale sich unterschiedlich leicht erschließen. Die rein praktische Herangehensweise ist die induktive Sammlung (Akkumulierung) von Erfahrungswissen und dessen nachfolgende Nutzung. In einem stabilen gleichförmigen Umfeld können Manager damit gut leben, da sie die praktischen Handlungstheorien (theories-in-use nach Chris Argyris), die sie induktiv gewonnen haben, anwenden. Im MBA-Kontext gewinnen Teilnehmer über den Erfahrungsaustausch oder durch gruppendynamische Übungen diese Form des Wissens.

Deduktiv wäre ein anderer Schritt in der Erkenntnisgewinnung. Im Wirtschaftsleben verbreiten sich viele "good practices", d.h. vermeintliche Erfolgsmuster. Manager greifen dieses Wissen, das in anderen Kontexten gewonnen wurde, auf und wenden es an. In vielen Seminaren wird Checklistenartiges Wissen vermittelt und im Arbeitskontext dann der deduktiven Logik folgend angewendet.

Aber viel bedeutender ist hingegen die Nutzung der abduktiven Logik, denn dadurch wird das Erkennen und die Erklärung von Mustern möglich, indem mittels verschiedener Theorien die Hintergründe von Entscheidungssituationen ausgeleuchtet werden. In wirklich guten Seminaren, beispielsweise im MBA-Kontext, gewinnen die Teilnehmer eben dieses theoretische Hintergrundwissen, das sie für viele unterschiedliche Entscheidungssituationen anwenden können, um Situationen besser zu verstehen und dann situativ passende Entscheidungen treffen zu können. Im Gegensatz zu induktivem oder deduktivem Entscheiden, das lediglich vorhandene Vorgaben reproduziert, kann ein abduktiver Zugang zu völlig neuartigen Einsichten und damit zu besseren Entscheidungen führen. Dafür ist es allerdings notwendig, sich mit den unterschiedlichen Formen des Erkenntnisgewinns auseinanderzusetzen. Dazu gehört der Erfahrungsaustausch mit anderen Teilnehmern, die Nutzung von Checklisten aber und vor allem die Verbreiterung der theoretisch-konzeptionellen Perspektiven, mit denen ich Muster schneller und besser erkennen und dadurch funktionalere Entscheidungen treffen kann. Aus meiner Sicht wäre genau dieses Dreigestirn der Mehrwert einer MBA-Ausbildung.

Stephan Klinger: Das erinnert mich an einen alten Professor, der junge Studenten für die theoretisch-konzeptionellen Schönheiten seines Studienganges begeistern wollte und immer wieder gefragt wurde, ob „eh auch viele praktische Case Studies gemacht werden". Er antwortete: „Liebe Kollegen. Ich bin jetzt 63 Jahre alt. Sie sind Mitte 20. Zwischen uns liegen 40 Jahre. Wieviel von den Case Studies, die ich als Student vor 40 Jahren gelöst habe, kann ich heute noch 1:1 anwenden?" Ich kann ihm durchaus zustimmen, dass das unmittelbar gebundene praktische Wissen auf den ersten Blick flüchtig ist, und die Kompetenz des Findens von Entscheidungsheuristiken sowie die Verbreiterung der theoretisch-konzeptionellen Perspektiven einen langfristigeren Rahmen bilden kann. Aber - ist dann das praktische Wissen tatsächlich nur ein Bezugspunkt und Farbkasten des akademischen Wissens? Immerhin ist es für die unmittelbare Weltbewältigung entscheidend und hat uns Menschen immerhin von der Steinzeit bis zur „Erfindung" der Universitäten durch doch einige Jahrhunderte hindurch recht weit gebracht.

René Voglmayr: Dem Zeitgeist entsprechend möchten Führungskräfte neu erworbenes Wissen direkt auf ihren Arbeitsbereich übertragen und unmittelbar anwenden. Gerade in postgradualen Ausbildungen wird dazu in hohem Umfang die Möglichkeit geschaffen: Einerseits neue Inhalte (wissenschaftlich aufbereitet) aufzunehmen und zu reflektieren, andererseits aber auch sich in einem anregenden Umfeld gegenseitig auf hohem Niveau auszutauschen und von den Erfahrungen der Anderen zu profitieren. Das Umfeld und der Faktor Zeit spielen auf mehreren Ebenen eine gewichtige Rolle. Erstens bringt der Umstand, dass die Dauer der Ausbildungen begrenzt ist die Teilnehmer dazu sich maximal zu committen ("Da beiße ich mich durch") Zweitens: Während der Ausbildung befindet man sich in einer Art Blase neben den anderen Lebensbereichen. Dies bringt eine gewisse Freiheit für das Denken, zwingt aber auch zu einer maximalen Fokussierung. Letztlich gibt das Verfassen der obligatorischen Master Thesis die Gelegenheit sich in einem Gebiet zu vertiefen und Expertise zu entwickeln. Wann ist schon in unserer heutigen Zeit die Gelegenheit dazu? Dabei wird theoretisches Wissen anhand eines praxisnahen Falls angewandt, was wiederum zu neuem Wissen und Handlungsweisen führt. Praktische Beispiele sind also nicht nur Bezugspunkt, sondern auch eine Quelle für wieder neues (akademisches) Wissen.

Wolfgang Güttel: Praktisches Wissen sollte aber nicht nur in MBA-Programmen Ausgangspunkt für Wissensgewinnung sein. Denn auch Managementtheorien sollten - der Intention einer angewandten akademischen Disziplin folgend - aus praktischen Problemen resultieren bzw. praktische Probleme lösen helfen. Im Gegensatz aber zum reinen Erfahrungswissen sollte der "akademische Katalysator" über den Prozess der Generalisierung theoriegeleitetes Wissen produzieren, wo aus Vermutung und Bauchgefühl überprüfte Theorien entstehen. Das akademisch gesicherte Wissen fließt dann beispielsweise wiederum über MBA-Kurse in die Praxis ein. Das ist natürlich ein Idealmodell und dauert hoffentlich keine 40, aber doch einige Jahre. Selbst dann sind zwei Bedingungen essenziell, die gegeben sein müssen, um diese Form der Wissenskonversion nutzbar zu machen. Erstens müssen Managementforscher auch tatsächlich mit der Praxis in einem funktionalen Austausch stehen. Denn sonst fehlt der Zugang zur praktischen Wissensbasis der Manager. Ist dieser nicht gegeben, wird nur Wissen aus Grundlagendisziplinen Psychologie, Soziologie oder Ökonomie für die Wissensentwicklung herangezogen. Das kann zufällig für die praktische Entscheidungswelt der Manager passen; muss aber nicht. Je weniger die Managementforschung mit der Managementpraxis im Austausch steht, desto unwahrscheinlicher wird es, dass akademisches Wissen für die Lösung praktischer Probleme passt. Zweitens müssen passende Kontexte vorhanden sein, um den Transfer aus der akademischen Welt in die Praxis sicherzustellen und mit den Wissensbasen der Manager in Verbindung zu bringen. Dazu reicht es nicht, dass Theorien mittels Powerpoint-Folien vorgetragen werden. Vielmehr ist es notwendig, einerseits praktisches Wissen der Manager in den Lernraum des Seminars zu holen und andererseits akademisches Wissen an deren konkrete Herausforderungen anzupassen – was eigentlich selbst ein praktischer Vorgang ist. Nur dann wird ein anschlussfähiger Wissenstransfer möglich und akademisches Wissen von der Managementpraxis akzeptiert.

Die Frage bzw. vielleicht sogar der Imperativ für die Managementwissenschaft ist daher, Lernräume zu kreieren, wo Praktiker und Wissenschaftler trotz unterschiedlich erfahrungsgenerierender Zugänge wechselseitige Anschlussfähigkeit herstellen. Auf diesem gleichrangigen Weg kann die Wissenschaft Zugang zu den praktischen Wissensbasen der Manager bekommen (der über den Status eines bloßen Forschungsobjekts einer „weißen Maus" hinausgeht) und mit der Praxis gemeinsam akademisches Wissen auf die Lebenswelt bezogen zurückspielen. Die Herausforderung ist daher, Lernräume zu schaffen, die diesen Wissenschafts- & Praxistransfer ermöglichen und fördern.

„Wissenschaftliche Paradigmenwechsel werfen immer wieder die Frage auf, wie „gesichert" Wissen davor tatsächlich war"

Stephan Klinger: Als Philosoph kann ich mich naturgemäß nur schwer zurückhalten den Begriff „akademisch gesichertes Wissen" in Frage zu stellen - so werfen beispielsweise wissenschaftliche Paradigmenwechsel immer wieder die Frage auf, wie „gesichert" Wissen davor tatsächlich war. Ich möchte aber kurz auf die Powerpoint-Folie als Wissensträger kommen: da scheinen sich beide Sphären ja gut zu treffen. Sowohl bei wissenschaftlichen Vorträgen, wie auch bei Managementmeetings werden diese gerne als Trägermedium des Wissens verwendet um zu visualisieren. Ein gemeinsamer Boden? Oder seht ihr Unterschiede?

René Voglmayr: Sicher ein kleinster gemeinsamer (Tool-)Nenner. Das Ziel Information visuell prägnant und vorteilhaft darzustellen ist wohl ähnlich. Heutzutage sehen ja glücklicherweise fast alle davon ab die Zuhörerschaft mit zu viel Text zu erschlagen. Die Art und Weise der inhaltlichen Darstellung hat sicherlich unterschiedliche Ausprägungen: Während bei wissenschaftlichen Präsentationen oft Fokus auf die inhaltliche Argumentationskette und den Nachweis der Quellen gelegt wird (um die Einbettung in den existenten akademischen Konsens hervorzuheben), liegt ein Blickpunkt in Managementpräsentationen oft auf prägnanten grafischen Illustrationen (um komplexe Sachverhalte knapp darstellen zu können). Einen zusätzlichen Gewinn würden die Folien für beide "Welten" haben, wenn sich ein Bindeglied in Form von Zuhörerfeedback in die Folien direkt einbauen lässt (technische Lösungen vorhanden); Stichwort: Millionenshow-Publikumsfrage oder Ähnliches. Didaktisch ist das für Seminare, aber auch interne Meetings usw. sicher ein Gewinn, lässt die Grenzen zwischen passivem Auditorium und gemeinsamer aktiver Annäherung an ein Thema verschwinden und bringt eine Prise Edutainment mit. Welche (Tool-)Nenner gibt es noch? Wie kann man noch eine Verschmelzung erreichen?

Stephan Klinger: An Folien finde ich in unserem Kontext zweierlei interessant: Zum einen ist dieses Vermittlungsmedium (mit etwas Verspätung im Vergleich zur Praktikersphäre) auch im akademischen Bereich State of the Art geworden um Gedanken zu präsentieren.

Ich bin noch in akademischen Welten der Managementwissenschaften sozialisiert worden, wo folienlose Vorlesungen von Manuskripten die Regel und mit eigener Hand gemalte Overheadfolien die innovativen Ausnahmen waren, PowerPoint jedoch in Vorstandsetagen bereits Einzug gehalten hatte. Zum anderen „zwingt" es Wissenschaftler in der Regel auf die Darlegung komplexerer Ursache-Wirkungs-Argumentationsketten zu verzichten und Wissen schlagwortartiger und bildhafter zu präsentieren (das steht in einigem Widerspruch zur originären Präsentationsweise wissenschaftlicher Erkenntnis in Forschungsberichten oder scientific papers). Frage an den Wissenschaftler Wolfgang Güttel: veränderst Du deine Folien dahingehend, ob Du deine wissenschaftlichen peers oder Praktiker damit beglückst?

Wolfgang Güttel: Ja, selbstverständlich! Ich lasse Folien in der Interaktion mit Praktikern völlig weg! Ich brauche die direkte Interaktion am Flipchart oder mittels Kärtchen, um akademisches Wissen ganz situativ an die Bedürfnisse der Zielgruppen anzupassen. Dadurch erst wird Anschlussfähigkeit möglich ohne dass die Teilnehmer sich mit auf Folien billig verpackten Theorien zurieseln lassen! Entertainment ist dann gefährlich, wenn dadurch vom Nachdenken abgelenkt wird! Besonders Voodoo-Trainer mit ‚trivialisierenden' Zugängen versprechen mit hübschen Folien und hippen Vorträgen oft unbewiesene Wunderdinge! Daher sehe ich immer die Gefahr, dass die Form (Folien oder anderes Schnickschnack) von den Inhalten ablenkt. Dann ist zudem kein Platz für Inputs der Teilnehmer und das Training wird zur intellektuellen Sackgasse für beide beteiligten Seiten; für Theorie und Praxis! Ich frage mich, was Führungskräfte und Personalisten bräuchten, um den Unterschied zwischen Entertainment-getriebenen Trainings und seriösen, zum Nachdenken und lernen anregenden Trainings zu differenzieren?

„Es geht darum, wie theoretisches Wissen oder analytische Fähigkeiten vermittelt werden können"

René Voglmayr: Ganz nach Daniel Kahnemann: Vereinfacht gesagt funktioniert unser Gehirn nach zwei Denksystemen. Dem ersten, das automatisch arbeitet, schnell, emotional und ohne direkte Steuerung: es ist für schnelles Denken verantwortlich. Das zweite System ist langsam, prüft, ist logisch und bewusst. Unser Gehirn ist faul und deshalb vom schnellen Denken dominiert. Das könnte der Grund sein, warum schnelle Lösungswege auch von Lernenden bevorzugt werden. Es geht, glaube ich nicht darum den Unterschied zu erklären, sondern wie kann theoretisches Wissen bzw. können analytische Fähigkeiten mit adäquaten Mitteln vermittelt werden. Wie muss dieses "verpackt" sein um das Gehirn zu überlisten? Es gibt ja durchaus Vortragende und Trainer, die das ausgezeichnet schaffen. Und eines darf nicht vergessen werden: es muss nicht immer hochwissenschaftlich sein; es kommt ganz auf das Lernziel an und muss anschlussfähig gestaltet werden.

Stephan Klinger: In unserem Kontext habe ich bei der Erwähnung von Daniel Kahnemann schmunzeln müssen: Immerhin selbst Nobelpreisträger, hat er große Zweifel an der prinzipiellen Möglichkeit des Menschen zu rationalem Verhalten gehabt; für ihn hat der Zufall (bei militärischen oder wirtschaftlichen Ereignissen) eine sehr große Rolle gespielt. Vielleicht werfen wir einen kurzen Blick von den Defiziten des Gehirns zur Möglichkeit der Perspektivenerweiterung: Eure Beiträge haben mich an Heinz von Foersters Aussage "2x2=grün" erinnert: Wenn ein Kind auf die mathematische Frage "wieviel ist 2 mal 2" mit "grün" antwortet, konstatiert unsere Gesellschaft, dass es noch nicht genug "trivialisiert" ist. Es wird daher in eine "Trivialisierungsanstalt" namens Schule geschickt um nach ausreichendem Kompetenzerwerb maschinengleich die richtige Antwort "4" geben zu können. In einer Wirtschaft die auf Innovation setzt, braucht man meines Erachtens nach aber auch ausreichend "Grün"-Denker sonst wird es nur in der Reproduktion des ewig Gleichen enden (ich denke es ist kein Zufall, dass sich Nietzsches Denken genau in der Zeit der gesellschaftlichen Maschinisierung entwickelt hat). Auch in bildungswissenschaftlicher Literatur lese ich immer wieder, dass Bildung als „Haltung" verstanden wird, ein Zugang wie man Neues aufnimmt und einordnet.

Zu Wolfgangs Frage was Personalisten bräuchten, um zwischen entertainment-getriebenen Wissensvermittlern und reflexionsfördernden Prozesssteuerern zu unterscheiden, könnte Selbsterfahrung helfen, um Denkprozesse des Möglichen anzustoßen. Praxisbeispiel: Ich habe in einer Veranstaltung einmal die Präsentationsfolie des firmeneigenen Mission Statements live umgeschrieben. Zuerst stand da: "Der Kunde steht für uns im Mittelpunkt." Nachher: "Das Geld des Kunden steht für uns im Mittelpunkt." Nach einigem Grinsen und verhaltenen Protesten hat sich eine spannende Diskussion über die Ableitung von Maßnahmen aus dieser (ehrlichen) Zielvorgabe entwickelt... Mit anderen Worten: Ich denke, dass vielen Menschen (das inkludiert Führungskräfte und Personalisten) abseits der Kompetenz-Doktrin empfänglich sind, nachdenk-anregende Lernprozesse zu

erkennen, wenn sie selbst einmal einsteigen.

Was können unsere Überlegungen der Academy of Management & Leadership mitgeben? Unseren Mitgliedern durch reflektierende Anreize helfen zu umfassend kompetent gewordenen Führungskräften zu werden?

René Voglmayr: Bildung erhöht die Anzahl der Handlungsoptionen und kann somit neue und vorher nicht bedachte Entscheidungen begründen. Allerdings darf meiner Meinung nach dabei nicht vergessen werden, dass diese einerseits auch wirklich aktiv getroffen werden müssen und andererseits Relevanz im täglichen Leben haben sollen.

Für mich steht fest, dass sich die beiden Bereiche Theorie und Praxis jedenfalls gegenseitig beeinflussen und befruchten. Dabei ist weder Theorie nur grau, weil ja die wesentlichen Erkenntnisse aus dem aktuellen Geschehen gezogen werden, als auch die Praxis nur auf Erfahrung basierend, denn nur erprobte und validierte Tools, Methoden und theoretische Hintergründe erhöhen die Qualität von Entscheidungen. Gute, weil fundierte Entscheidungen wiederum sichern den langfristigen Erfolg. Eine Stärkung dieser Verbindung und ein Erkennen des gegenseitigen Vorteils trägt somit zum Nutzen aller bei.

Stephan Klinger: „Grau, treuer Freund, ist alle Theorie und grün des Lebens goldener Baum." Schon in Goethe's Faust findet sich die Diskussion, wie denn (wissenschaftliche) Theorie und (lebensweltliche) Praxis zueinanderstehen. Besonders bemerkenswert für unsere Diskussion ist der dramatische Zusammenhang: Mephistopheles ist als Professor Faust verkleidet und will einen Studenten vom Weg der Wissenschaft auf die Fülle des praktischen Lebens umleiten. Für mich würde ich diese Impulse damit konkludieren, dass Wissenschaft eine besondere Praxis ist. Sie stellt praktische Phänomene in vorläufige Strukturen, aus welchen wiederum praktische Probleme perspektivenerweiternd betrachtet werden können und zum Finden neuer Lösungen inspirieren können. Diese neuen Lösungen können Wissenschaftler anleiten, ihre Strukturen zu modifizieren und für unterschiedliche Arbeitswelten passend zu reflektieren und aufzubereiten. Praxis und Theorie in einem Zyklus der wechselseitigen Evolution und Befruchtung.

Wolfgang Güttel: In diesem Sinne werden wir mit der Austrian Academy of Management & Leadership vielfältige Brücken zwischen akademischer und praktischer Welt bauen. Wir hoffen dann, dass diese ausreichend stark frequentiert werden, um die Wissensbasen von Theoretikern und von Praktikern gleichermaßen zu bereichern und dadurch neue Wissenspotenziale gewonnen werden. Die Theorieentwicklung kann sich dann stärker praktisch drängenden Problemen widmen und die Fundierung der Wissensbasen der Manager kann umgekehrt zu schnelleren, qualitätsvolleren und effektiveren Entscheidungen führen. Wir müssen insgesamt unsere Triple Helix - bestehend aus Wissenschaft-Wirtschaft-Politik - dringend weiterentwickeln, um im globalen Wettbewerb führend zu bleiben bzw. in einigen Bereichen wieder aufzuholen, denn der Wohlstand der Nationen hängt nach wie vor von der wirtschaftlichen Leistungsfähigkeit ab; auch bei uns in Europa!

iHRCM, was gibt es Neues?!

Forschung. Lehre. Praxis. Transfer.

Wenn man auf ein Jahr zurück blickt, ist es immer hilfreich sich an den roten Tagen im Kalender zu orientieren. Diese kennzeichnen üblicherweise Feiertage und Höhepunkte, auf die hingearbeitet und denen entgegen gefiebert wird. Welche "roten Markierungen" unser akademischer Jahreskreis 2017/18 enthalten hat, möchten wir hier noch einmal kurz Revue passieren lassen.

Akademische Adventszeit

Ähnlich wie der Advent eine Zeit der Stille, des Nachdenkens und der Vorbereitung sein soll, benötigen wir auch für die wissenschaftliche Ideenfindung und Weiterentwicklung oft Auszeiten aus der alltäglichen Betriebsamkeit. Aus diesem Grund veranstalten wir immer wieder Strategie- und Forschungstage, welche die Gelegenheit bieten in unterschiedlichen kleinen Gruppen und an unterschiedlichen Orten intensiv Ideen und Projekte voranzutreiben. Im vergangenen Jahr waren wir dazu bei einem Heuristiken Workshop an der Universität St. Gallen (mit KollegInnen der HSG sowie der Viadrina University Frankfurt), verbrachten unsere jährliche Strategieklausur am Attersee, OÖ, und hielten einen internen Paper Development Workshop in Annaberg, NÖ, ab.

Wissenschaftliche Weihnachtsgeschenke

Setzt man unsere Forschungstage metaphorisch mit der Adventszeit gleich, dann sind unsere wissenschaftlichen Publikationen die Weihnachtsgeschenke. Obwohl wir uns diese Geschenke zum Großteil selbst machen und sie unvorhersehbar über das ganze Jahr verteilt auftreten, ist die Freude darüber nicht geringer. Im vergangenen Jahr freuten wir uns unter anderem über

- Güttel, W.H. (Hrsg.) (2017). Erfolgreich in turbulenten Zeiten – Impulse für Leadership, Change Management & Ambidexterity. München, Augsburg: Rainer Hampp Verlag.

- Schweiger, S., Stouten, H., & Bleijenbergh, I. (2018). A System Dynamics Model of Resistance to Organizational Change: The Role of Participatory Strategies. **Systems Research and Behavioral Science**.

- Konlechner, S., Latzke, M., Güttel, W.H., & Höfferer, E. (2018). Prospective Sense-making, Frames, and Planned Change Interventions: A Comparison of Change Trajectories in Two Hospital Units. **Human Relations**.

- Konlechner, S., Müller, B., & Güttel, W.H. (2018). A dynamic capabilities perspective on managing technological change: a review, framework and research agenda. **International Journal of Technology Management**.

- Gruenauer, J., Güttel, W. H., & Wurmbrand, A. (2018). Simple Rules: Wie sich Unternehmen das Leben einfacher machen können und dennoch effektiver agieren. **Zeitschrift für Führung und Organisation.**

Saatzeit

Im Frühjahr wird Saatgut ausgebracht, dann wird es mit allem, das für sein Wachstum nötig ist, betreut und im Spätsommer und Herbst freut man sich dann über die Früchte dieser Arbeit. Auch dazu findet sich ein Äquivalent am iHRCM.

Die Betreuung der "Jungpflanzen" startet bereits in den Vorlesungen des Bachelor und Masterprogramms, in denen über Praxisprojekte und Praktikervorträge unserem eigenen fruchtbaren Boden noch der nötige externe Dünger zugeführt wird. Wir freuen und bedanken uns für die fruchtbare Zusammenarbeit u.a. mit der Hofer KG, WÜRTH Austria, Loidl, Föttinger und FACC.

Die intensive Betreuung setzt sich auch in unseren Dissertanten-Seminaren fort. Sowohl bei unserem 7. Dissertanten-Seminar in Annaberg, Niederösterreich, als auch der 2. Alpine PhD Conference in Obergurgl, Tirol, herrschte eine tolle Arbeitsatmosphäre. Die freundliche und produktive Zusammenarbeit und der Austausch mit Stefan Güldenberg (Universität Liechtenstein), Birgit Renzl (Universität Stuttgart) und ihren DissertantInnen, sowie mit Stephan Kaiser (Universität der Bundeswehr München), in der frischen Bergluft in Obergurgl, war dabei besonders anregend.

Die Früchte seiner Arbeit durfte im vergangenen Jahr unser ehemaliger Mitarbeiter Hubert Lackner ernten, dem wir auf diesem Weg nochmals ganz herzlich zum Abschluss seines Doktorats gratulieren möchten!

Ferienzeit

Ferien bedeuten in unserer akademischen Arbeitswelt nicht Nichtstun, sondern Abwechslung, Entdeckung und Wissenserwerb. In unserem jährlichen Curriculum finden sich dazu zwei "Wahlpflichtfächer": Konferenzbesuche und Site Visits.

Unser Wissensdrang führte uns im vergangenen Jahr zu einer Vielzahl an Konferenzen, bei denen wir jeweils unsere eigenen Arbeiten vorstellten, sowie neue Anregungen und Inputs durch andere Wissenschaftler sammeln konnten. Wir präsentierten unsere

Ideen auf dem 10. Strategie, Kompetenz & Management (SKM) Symposium in Berlin; dem 42. Workshop der Wissenschaftlichen Kommission für Organisation (WK ORG) in Hamburg; der Organizational Learning, Knowledge and Capabilities (OLKC) Konferenz in Liverpool; der Process Studies Konferenz in Halkidiki und der Academy of Management (AOM) Konferenz in Chicago. Zusätzlich präsentierten wir am 34. Colloquium der European Group of Organization Studies (EGOS) in Tallinn nicht nur mehrere unserer aktuellen Papers, sondern waren auch an einem eigenen Track zu "Heuristics: Novel Insights into Organizing and Organizations" beteiligt (Convenors: Wolfgang H. Güttel, Moritz Loock, Madeleine Rauch).

Neben dem Austausch mit wissenschaftlichen FachkollegInnen ist uns auch der praxisnahe Wissensgewinn und Austausch überaus wichtig. Wir besuchten daher das über 100-jährige Unternehmen „Linz AG Wasser" um mehr über die Wasserversorgung allgemein, sowie die Vorbereitung und Umgangsstrategien in Bezug auf Krisen und Katastrophen zu erfahren. Weiters besuchten wir die Firma „Boehringer-Ingelheim" in Wien, bei der wir Einblicke in F&E, Produktion und Qualitätsmanagement in der Pharmaindustrie sammeln konnten.

Staatsfeiertag

Last but not least, sollte noch die Bedeutung des 17. Juni 2018 hervorgehoben werden. Für unseren Institutsvorstand Wolfgang Güttel ein so einschneidender Tag, dass er und Stefan Konlechner dazu in einem Herausgeberwerk mit Titel „Arbeitnehmer 50+" publizierten. Wir gratulieren nochmals ganz herzlich und wünschen alles Gute!

Menschen, die weiter denken

Als international agierendes Unternehmen in der Landtechnik beschäftigt PÖTTINGER mehr als 1.600 Mitarbeiter/innen an drei Produktionsstandorten in Europa und Vertriebsstandorten in zahlreichen Ländern weltweit. Unsere Mitarbeiter/innen tragen maßgeblich zum Unternehmenserfolg bei, daher sind wir immer auf der Suche nach interessanten Persönlichkeiten, die unser Team bereichern.

Die PÖTTINGER Berufswelt bietet zukunftsorientierte, spannende Betätigungsfelder in den Bereichen:

- Forschung & Entwicklung
- Marketing & Verkaufsförderung
- Vertrieb
- Kundendienst & Service
- Produktion
- Verwaltung
- Einkauf & Logistik

Was zeichnet die Menschen bei PÖTTINGER aus?

Innovation
Durch Hinterfragen und Mitdenken verbessern wir ständig unsere Arbeitsweisen und sind offen für Veränderung.

Engagement
Wir kennen unseren Beitrag zum Erfolg des Unternehmens und erledigen unsere Aufgaben rasch und mit persönlichem Einsatz.

Handschlagqualität
Wir handeln fair, verlässlich und respektvoll.

Sie absolvieren ein technisches oder wirtschaftliches Studium? Sie suchen ein Praktikum, ein Thema für Ihre Abschlussarbeit oder eine Einstiegsposition?
Dann sind Sie bei uns richtig! Entdecken Sie die Welt von PÖTTINGER und werden Sie Teil eines starken Teams. Informationen zu unserem Bewerbungsprozess finden Sie unter www.poettinger.at/jobs.

PÖTTINGER